Schottland

Susanne Tschirner

Inhalt

Welc

Connor MacLeod reitet mit fliegenden Haaren über die Brücke von Eilean Donan Castle, begleitet von einem Haufen wilder Hochlandgesellen im Schottenrock: 1986 drehte Russell Mulcahy den Kultfilm ›Highlander‹ mit Christopher Lambert in der Titelrolle. Mel Gibson mimt in ›Braveheart‹ mit ebenso langer Mähne den schottischen Nationalhelden William Wallace, der die Engländer 1297 bei

Grandios und einsam: in den Highlands lebt der Mythos Schottland

fahren, angeln, golfen, jagen oder eine Wassersportart betreiben. Über 10 000 km ist die gezackte Küstenlinie lang: senkrecht abfallende Felsklippen, an denen sich die Wellen von Atlantik und Nordsee brechen, kilometerlange, einsame Sand- oder Korallenstrände mit geschützten Badebuchten, sanft ins Wasser abfallende grüne Hänge, auf denen die für das schottische Landschaftsbild obligatorischen Schafe weiden.

Klippen, die Salz- und Sandmarschen der Flussmündungen und die vielen Binnenseen sind Brutstätten für eine Vielzahl von Vögeln wie Möwen, Gänse, Trottellummen, Tölpel, Kormorane, Austernfischer oder die possierlichen Papageitaucher – ein Eldorado für Hobby-Ornithologen, die man überall, bewaffnet mit Feldstecher und Teleobjektiv, antrifft. Auf Bootstouren kann man Wale, Delphine und Seehunde beobachten, in den klaren Flüssen Lachse springen sehen, auf Wanderungen Eichhörnchen, Moorhühner, Rotwild und, wenn man Glück hat, eine scheue Wildkatze oder einen Adler entdecken – die Landschaft bietet dem Besucher viel.

Natur- und Kunsterlebnis sind in Schottland eng miteinander verbunden. Prähistorische Denkmäler wie Cairns, Steinkreise, eisenzeitliche Fluchtburgen, Brochs, Hügelforts oder Piktensteine liegen in verlassenen Moorgegenden, meist bei Tag und – wenn man will – bei Nacht mit einer kleineren Wanderung zu erreichen. Von romantischen Friedhöfen mit alten Grabsteinen und rauschenden Baumriesen umgeben, versetzen gotische Kirchen und Abteien, seit Reformation und Säkularisation nahezu allesamt Ruinen, den Besucher in längst vergangene Zeiten. Und die spätmittelalterlichen Clanburgen der *tower houses,* die oft nur aus einem massiven Steinturm bestehen, oder die prächtigen Adelsschlösser und Herrensitze – ob im türmchen- und erkergeschmückten Baronialstil des 17. Jh., im eleganten georgianischen Stil des 18. Jh. oder im mittelalterverliebten neogotischen Stil des 19. Jh. –, sie alle ziehen ihren besonderen Reiz aus der Lage inmitten schroffer Hochlandberge, sanfter Weidehügel oder auf steilen Meeresklippen. Oft sind sie von duftenden Gärten

Hüpfen für Schottland auf dem Military Tattoo in Edinburgh

und weitläufigen Parks umgeben, durch die markierte Spazier- und Wanderwege führen. Dass man in vielen dieser Herrenhäuser – und gar nicht selten sogar erschwinglich – in *four-poster beds* schlafen und edel speisen kann, ist ein weiteres unschätzbares Plus.

Doch Alba, wie das Land im Mittelalter hieß – die schottische Rockgruppe Runrig betitelte so ihre ›Nationalhymne‹ –, besteht nicht nur aus den Highlands. An der Grenze zu England liegen die Lowlands, die südlichste der drei geographischen Großregionen, ein sanftes, hügeliges bis flaches Land, wo Viehzucht und Ackerbau betrieben werden. Die fast mediterran anmutende Solway-Küste bei Dumfries und Kirkcudbright

oder die lieblichen Borders mit einer Fülle historischer Denkmäler und Walter-Scott-Reminiszenzen sind weniger bekannte und ebenfalls reizvolle Feriengebiete, die man den Besuchern aus *continental Europe* nicht genug ans Herz legen kann.

Zwischen Lowlands und Highlands haben wir schließlich den Central Belt, das mittelschottische Tiefland. Hier, um die Meeresarme Firth of Clyde und Firth of Forth, die das Land tatsächlich wie ein Gürtel einschnüren, liegen die fruchtbarsten, meist mit riesigen Monokulturen wie Mais bestellten Ackerbauflächen, die großen Städte und die großen Industrien. Wer ein rückständiges Agrarland erwartet, wird hier eines Besseren

Nachtleben mit Theatern, Konzerten, Restaurants und Pubs von Rang hat unbestritten Weltstadtflair. Der Niedergang von Bergbau und Stahlindustrie hat die Region allerdings schwer getroffen und die Kluft zwischen Arm und Reich erschreckend vergrößert. Hohe Arbeitslosigkeit und städtische Problemzonen machen besonders Glasgow zu schaffen. Der wirtschaftliche Trend geht wie überall weg von der Schwerindustrie und hin zu Dienstleistung und Hochtechnologie wie z. B. Biotechnologie, ein Wirtschaftsbereich, in dem der Region Edinburgh eine weltweit führende Rolle zukommt. Daneben sind der internationale Finanz- und Versicherungssektor, die Lebensmittelindustrie – allem voran Lachs und Whisky! – und vor allem der Tourismus stabile wirtschaftliche Standbeine.

Eine ungeheure Dynamik in kultureller Hinsicht erlebt das Land, besonders die beiden schottischen Metropolen, seit der Wahl des Regionalparlaments: Nationale Museen, Kulturinstitutionen, Ausstellungen und städtebauliche Megaprojekte entstehen, der Tourismussektor expandiert. Schottland betritt das neue Jahrtausend als Nation.

belehrt. Die junge, dynamische Kulturszene von Glasgow und Edinburgh, die Universitäten sowie das nicht nur zu Zeiten der internationalen Festivals boomende

Lage	Zwischen 54. und 61. Grad nördlicher Breite, etwa auf der Höhe von Südgrönland.
Größe	78 783 km², ein Drittel der britischen Gesamtfläche.
Bevölkerung	5 Mio. – ein Elftel der britischen Bevölkerung –, wobei 80 % der Schotten im Central Belt leben. Schottland gehört zu den am dünnsten besiedelten Ländern in Europa.
Entfernungen	Das Festland hat eine maximale Nord-Süd-Ausdehnung von 440 km und eine maximale Ost-West-Ausdehnung von 248 km. Kein Ort liegt mehr als 64 km vom Meer entfernt.
Inseln	Von den rund 800 Inseln sind 130 bewohnt.

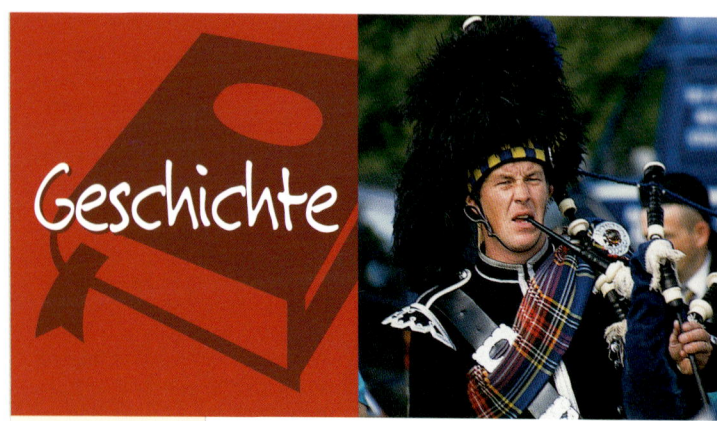

Geschichte

›Nationalinstrument‹ Dudelsack

Um 6000 v. Chr.	Steinzeitliche Jäger und Sammler wandern vom Kontinent her ein.
um 4200 v. Chr.	Neolithische Revolution, die Ackerbau, Töpferei und Sesshaftigkeit mit sich bringt.
um 2500 v. Chr.	Blütezeit der Megalithkultur, vor allem auf den Orkneys und Hebriden: Cairns und Steinkreise.
ab 800 v. Chr.	Einwanderung keltischer Völker.
um 80 v. Chr.	Die Römer dringen nach Schottland vor, können sich aber nicht dauerhaft behaupten.
120 n. Chr./ 142/143	Als Bollwerke gegen die Skoten entstehen der Hadrianswall zwischen Tyne und Solway und der Antoninuswall zwischen Firth of Forth und Firth of Clyde.
ab 3. Jh.	Die Pikten beherrschen das Land. Sie hinterlassen wenig mehr als die faszinierenden und rätselhaften Piktensteine mit Symbolen und Tierdarstellungen.
1057	Macbeth wird von Malcolm III. (1058–93), dem Gründer der Dynastie der MacMalcolms, getötet. Unter Malcolm und seiner Frau Margaret gewinnen das Lehnswesen englischer Prägung und die katholische Kirche an Einfluss.
1174	William I. muss im Vertrag von Falaise dem englischen König Heinrich II. den Lehnseid schwören. Hieraus leitet England seinen Hoheitsanspruch über Schottland ab.

ab 1290	Die MacMalcolms sterben aus. Im Thronfolgestreit versucht England, sich Schottland einzuverleiben, das sich in den Unabhängigkeitskriegen wehrt.
1314	Robert the Bruce, Schottlands Nationalheld, besiegt die Engländer bei Bannockburn.
1542–87	Maria Stuart wird im Alter von einer Woche Königin von Schottland; 1568 flieht sie nach England, wo sie nach 19-jähriger Gefangenschaft von Elizabeth I. hingerichtet wird.
1560	Die schottischen Adligen etablieren unter der Führung von John Knox die Reformation in Schottland.
1707	Unter Königin Anne kommt es zur Union der schottischen und englischen Krone, das schottische Parlament wird aufgelöst.
1715/45	Die erste Erhebung der Jakobiten, der Stuart-Anhänger, wird niedergeschlagen. 30 Jahre später führt Prince Charles Edward Stuart, genannt Bonnie Prince Charlie, die schottischen Unzufriedenen zu einer zweiten, zunächst erfolgreichen Erhebung, wird aber ein Jahr später bei Culloden besiegt.
18./19. Jh.	Die Großgrundbesitzer vertreiben in den so genannten Clearances Hunderttausende Bauern für eine profitablere Schafzucht von ihrem Land.
1883	In den Crofters' Wars kämpfen Schottlands abhängige Kleinbauern für bessere Lebensbedingungen.
1969	Der Erdölboom an der Nordseeküste beginnt.
1996	Der schottische Krönungsstein, der Stone of Scone, wird in einer großen Zeremonie nach über 700 Jahren von England an Schottland zurückgegeben.
1999	Nach fast 300 Jahren hat Schottland wieder ein eigenes (Regional-)Parlament. Die Schotten haben sich für *devolution* entschieden: Selbstverwaltung und Dezentralisierung, ja, Loslösung von Großbritannien, nein. New Labour koaliert mit den Liberaldemokraten, die SNP ist zweitstärkste Partei.
2001	Bei den britischen Parlamentswahlen gewinnt Labour auch in Schottland haushoch, die SNP verzeichnet einen bitteren Rückschlag.

Gut zu wissen!

BSE: Unter Großbritanniens und ergo auch Schottlands Rindern grassiert die Seuche BSE (Bovine Spongiforme Enzephalopathie). Jüngste wissenschaftliche Studien, z. B. eine vom ›Independent‹ veröffentlichte der University of Edinburgh, scheinen bewiesen zu haben, dass BSE-verseuchtes Rindfleisch beim Menschen die unheilbare Creutzfeldt-Jakob-Krankheit auslöst. Vom Verzehr von Rindfleisch in Großbritannien ist demnach dringend abzuraten. Dies gilt nicht nur für das viel gepriesene Steak der Hochland- und Aberdeen-Angus-Rinder, sondern besonders für verarbeitete Produkte und ›verstecktes‹ *beef*: Rinderkraftbrühen, Bolognese-Sauce zu Spaghetti und in Lasagne und vor allem Burger, für die oft das minderwertige, besonders gefährdete Fleisch an Kopf und Knochen abgekratzt wird. Aber die schottische Speisekarte macht jedem Besucher den Verzicht leicht. Meeresfrüchte, Fisch (auf Billigebene Fish 'n' Chips), Wild, Geflügel, Schwein, Lamm und die immer öfter angebotenen vegetarischen Gerichte sind ein mehr als gleichwertiger Ersatz für Steaks.

Nationalgefühl: Bezeichnen Sie einen Schotten *nie* als ›Engländer‹. Schotten unterscheiden sich von den Engländern genauso wie Waliser und Nordiren, und zwar ganz entschieden; wenn überhaupt, akzeptieren sie die Bezeichnung ›Briten‹. Eine ›Nation ohne Land‹ hat man die Schotten genannt, die ihre nationale Autonomie endgültig mit dem Unionsvertrag von 1707, ihr Nationalgefühl jedoch nie verloren haben. Obwohl es in Schottland keine gewaltbereiten nationalistischen Organisationen gibt, sitzt das Ressentiment gegen den *auld enemy* England tief. Das Sammelbecken der separatistischen nationalen Strömungen ist die linke fortschrittliche Scottish National Party, kurz SNP, die namhafte Schotten wie Sir Sean Connery als Zugpferde gewinnen konnte. Seit 1999 wird über Gesundheits-, Sozialund Erziehungswesen sowie Stadtplanung nun erstmalig vor Ort in Edinburgh und nicht mehr in London entschieden.

Please wait to be seated: Bitte warten Sie im Restaurant, bis man Ihnen einen Platz zuweist. Meist herrscht die schöne Sitte, dass man zunächst vors Kaminfeuer in die Lounge oder Bar gebeten wird und dort bei einem Gin Tonic in aller Ruhe die Speisekarte *(menu)* studiert. Ein Viertelstündchen später führt man Sie dann an den gedeckten Tisch im Speisesaal.

Gentlemanlike am Steuer: In den dünn besiedelten Gebieten des Hochlandes gibt es oft nur einspurige Straßen, *single-track roads*. Wer von den beiden einander entgegenkommenden Fahrzeugen einem Ausweichplatz, einem *passing place*, am nächsten ist, fährt links ran und lässt den anderen vorbei. Freundliches Grüßen gehört zum guten Ton, Parken auf dem *passing place* ist tabu. In ganz Großbritannien wird links gefahren und rechts überholt. Fahrzeuge im Kreisverkehr *(roundabout)* haben Vorfahrt. Höchstgeschwindigkeit in geschlossenen Ortschaften ist 48 km/h, auf zweispurigen Straßen 96 km/h, auf mehrspurigen 112 km/h (1 m = 1,6 km).

Shopping: Die mit beliebtesten Mitbringsel sind wohl Strick- und Webwaren. In den Wollfabriken der Borders und in Läden vor allem im Westen des Landes kann man Pullover, Handschuhe oder Decken kaufen. Auf alle Fälle sollte man sich einen Single Malt Whisky einer nicht ganz so gängigen Marke mitbringen – Glenfiddich bekommt man auch im Duty-free-Shop. In einem Einkaufskorb ›A Taste of Scotland‹ könnten stecken: Walkers' Shortbread, schottischer Wildlachs, Baxter's Marmelade, eine Flasche Brombeerwein, ein Glas des köstlichen MacDonald Chutney, eine Packung Oatcakes, ein Farmhouse-Cheddar. Jagd-, Angel-, Golfsportler und Barbour-Coat-Fans können sich in den hiesigen Fachgeschäften häufig preiswerter einkleiden als in der Heimat, doch das exklusive Vergnügen ist und bleibt teuer. Schön Getöpfertes und Schmuck gibt's vor allem im Westen und Norden.

Small talk

Die meisten Schotten sind freundlich und aufgeschlossen. Die Bedienungen in den Restaurants, Menschen im Pub und besonders die B & B-Wirtinnen verwickeln den Urlauber gern in kleinere Gespräche. Hauptthema ist das Wetter, das sich als *fine* (die Wolkendecke ist mehrmals aufgerissen) über *not so bad* (es hat nicht nur geregnet) bis zu *tomorrow it's going to be fine* (Hoffnung bleibt immer) präsentiert. Dabei ist das Wetter kein Verlegenheitsthema wie im kontinentalen Europa, sondern echtes Anliegen mit Tradition.

Extensives Klagen über den Regen ist nicht angebracht, Humor kommt immer an. Wer ein bisschen Englisch versteht, dem erzählen die Kassenwärter und *guardians* an den Monumenten und in den Museen oft historische Anekdötchen, die witzig und aufschlussreich sein können. Auf die Frage, wie einem Schottland gefällt, gibt man eine begeisterte Antwort. Es bleibt beim Small talk, und tiefschürfende Erörterungen oder kritische, politisch korrekte Bemerkungen zu Umwelt, Europa oder BSE sind eher unerwünscht.

Feste & Unter-haltung

Feste

Hogmanay: Silvester ist bei den Schotten beliebter als Weihnachten. Jeder schaut bei Freunden und Bekannten vorbei, und das traditionelle *footing* ist Neujahr noch längst nicht vorbei. Edinburghs Hogmanay wird besonders ausgiebig gefeiert: ein dreitägiges Spektakel mit Straßenfesten auf den beiden Hauptachsen Royal Mile und Princes Street.

Burns Supper: Am 25. Januar, am Geburtstag von Robert Burns, wird überall im Land Haggis mit viel Whisky heruntergespült und Burns' Ode ›To a Haggis‹ rezitiert – eine gesellschaftliche Verpflichtung.

Festivals

Celtic Connections: In Glasgow treffen sich im Januar auf diesem zwei Wochen dauernden Festival der keltischen Musik und Kultur internationale Folkgrößen, auch aus dem Bruderland Irland.

Spirit of Speyside Whisky Festival: Neues Festival rund um den Whisky, Anfang Mai, Speyside-Region.

Mai/Anfang Juni: Im Frühsommer werden in Perth und verschiedenen Orten von Dumfries und Galloway Kunstfestivals veranstaltet.

St. Magnus Festival: Im Juni findet auf den Orkneys Schottlands zweitgrößtes Musik-, Literatur- und Tanzfestival statt – eine intimere Alternative zum Rummel des publikumsstarken Edinburgh International Festival im August.

Common Ridings: In verschiedenen Orten der Borders reiten im Frühling bzw. Frühsommer farbenprächtig verkleidete Bürger die Grenzen ihrer Städte, der *royal burghs* ab, eine Erinnerung an mittelalterliche Bürgerwehren und Bürgerstolz.

Royal Highland Show: Auf Schottlands größtem Einzelevent im Juni auf dem Ingliston Show Ground, Edinburgh, feiert die schottische Landwirtschaft sich selbst: Ausstellungen und Prämierungen von Schaf, Rind und Co. wollen jährlich 150 000 Besucher, fast ausschließlich *locals,* sehen.

Edinburgh International Festival of Music and Drama: Seit 1947 ist Schottlands Hauptstadt im August Austragungsort des Kultur-Megaspektakels Edinburgh International Festival. Orchester, Theater-, Ballett- und Opernensembles sowie Einzelinterpreten geben sich hier ein Stelldichein. Aus einem spontanen Straßentheater erwuchs das mittlerweile institutionalisierte Fringe Festival: Jongleure, Pantomimen, experimentelles und avantgardistisches Theater auf allen Plätzen und Straßen und in allen verfügbaren Räumlichkeiten der Stadt. Ein Film- und ein alle zwei Jahre stattfindendes Buchfestival sowie das Military Tattoo komplettieren das Festmenü. Dieser ›Militärische

Zapfenstreich‹ findet abends drei Wochen lang vor den effektvoll angestrahlten Bastionen des Castle statt. Militärkapellen, Tanzensembles und Akrobaten aus aller Welt treten auf.

Highland Gatherings: Seit dem 19. Jh. finden Juni bis September in den Highlands und mittlerweile auch außerhalb derselben die spöttisch ›Hochland-Olympiaden‹ genannten Volksfeste statt. Stämmige schottische Mannsbilder in T-Shirt und kariertem Rock werfen Hämmer, Steine, Eisengewichte und, als Königsdisziplin, Baumstämme *(tossing the caber)*, und das hoch, weit oder schön; außerdem laufen, springen und ziehen sie mannschaftsweise am Tau.

In den Pausen zwischen den sportlichen Wettkämpfen ziehen Musikgruppen mit Dudelsack und Trommeln, *massed pipes and drums*, durchs Stadion. Die Mädels messen sich im Tanzen und Steppen, z. B. im *Highland fling*.

Das größte und renommierteste dieser Treffen findet am ersten Samstag im September in Braemar am Dee statt. Jedes Jahr beehrt die Königin das Braemar Gathering und verteilt Preise und huldvolle Worte an die siegreichen *heavyweights*.

The Mod

The National Mod, der große Festival-Wettbewerb für traditionelle gälische Musik, ist der Höhepunkt der vorherigen lokalen Ausscheidungswettbewerbe. Organisiert wird er von An Comunn Gaidhealach, 109 Church St., Inverness, Tel. 01463/ 23 12 26. 2002 findet The Mod im Oktober in Largs (C 9) statt.

Fenstern des Pubs kündigen die Musikabende an.

Ghost Walks: Da Schottland das Land der Geister und Gespenster ist, kann man diese auch – natürlich nur nachts – vielerorts besuchen. Edinburgh, das sich manch finsterer und famoser Verbrechen rühmt (Dr. Jekyll/Mr. Hyde wohnte hier!), hat bei der Vermarktung eine Vorreiterrolle gespielt. Auch viele Schlösser und Burgen haben ihre exklusiven *spooks*, denen man organisiert auf Führungen oder privat auf gruseligen Nachtwanderungen nachstellen kann.

Specials

Music Nightly: Das ganze Jahr über, verstärkt in der Saison, kann man in vielen Pubs Live-Musik erleben. Die Ceilidhs, gälisch für Zusammenkunft, beginnen meist spät, selten vor 21 Uhr. Manchmal handelt es sich um spontane *jam sessions*, manchmal um vom Wirt verpflichtete Interpreten. Geboten wird Folk, aber auch Rock, Pop oder Country. Schilder in den

Feiertage

1. Januar und 25. Dezember sind die einzigen gesetzlichen Feiertage. An *Bank Holidays* haben, anders als in England, nur Banken und Institutionen zu: 2. Januar, Karfreitag, erster und letzter Montag im Mai, letzter Montag im August, 26. Dezember. Zudem gibt es einen regionalen Frühlings- und Herbstfeiertag (immer Mo).

Essen & Trinken

The Scottish world of food

Zuerst die gute Nachricht: Man kann mittlerweile in Schottland ausgezeichnet essen. Das größte Plus der schottischen Küche, die frischen Zutaten aus dem Land wie köstliche Meeresfrüchte, Wild, Wildgeflügel oder Lamm, werden immer öfter auf phantasievolle, französisch oder fernöstlich beeinflusste Art zubereitet. Typische Speisekartenangebote sind z. B. Räucherlachs oder Räuchermuscheln, Fischmousse oder -terrine, Krabbenklauen in Knoblauch, Engelbarsch *(monkfish)*, Heilbutt *(halibut)* oder Steinbutt *(turbot)* in einer *beurre blanc*, Hirsch mit süßlicher Sauce und Früchten, Lamm mit Rosmarin, Steaks, Hühnerbrust *(supreme of chicken)* mit Estragonsahne, Forelle *(trout)* mit Mandeln, *tartes* mit Äpfeln oder Beeren. Nun die schlechte Nachricht: Den größten Anteil macht noch immer die einfallslose, traditionelle britische Einheitskost aus – ungesalzen-wässeriges Gemüse, Steak oder fettiges Fleisch und Fritten. Die richtige Restaurantwahl ist somit für den Gourmet lebenswichtig.

Pub Grub

Als Faustregel kann gelten: Gut isst man meist in den Restaurants der **Country-House-Hotels,** bei den **Ketten** ›Crannog‹ (frisches *seafood* in Ikea-Ambiente) und Bouzy Rouge' (preiswert neuschottisch in verrücktem Design) sowie in den der Vereinigung ›A Taste of Scotland‹ angeschlossenen Restaurants (Signet: eine dampfende Suppenterrine). Meeresfrüchte speist man besonders gut und frisch in den Hafen- oder küstennahen Orten.

Einen preiswerten Lunch (Mittagssnack) bekommt man in den meisten **Pubs.** Das bei den Schotten beliebte traditionelle *pub grub* (›Pub-Futter‹) liegt, wie bei Spaghetti oder Pizza mit Pommes nicht anders zu erwarten, schwer im Magen. Die Cafeterien und **tea rooms** der Museen und Sehenswürdigkeiten sind mittags mit Pasta, Salaten, Quiches und kleinen Gerichten eine preiswerte Alternative, besonders für Vegetarier. Eine Alternative zum nicht billigen Hotel-Restaurant ist die Hotel-Bar, die meist die gleiche Küche wie das Restaurant hat, aber einfachere, kleinere Speisen anbietet.

Restaurantkategorien jeweils pro Person für ein Dinner-Drei-Gang-Menü ohne Getränke: günstig: 12 £ (20 €, 30 sFr.), moderat 12–20 £ (20–33 €, 30–49 sFr.), teuer 20–30 £ (33–50 €, 49–72 sFr.), Luxus über 30 £ (50 €, 72 sFr.).

Supper's ready

Der Tag beginnt für Touristen – die Briten behalten sich dies für Sonn- und Feiertage vor – mit dem üppigen **cooked breakfast.** Dazu gehören Obstsaft oder Grapefruit,

Müsli oder Porridge, dann Räucherspeck, Grilltomate und -pilze, die fast fleischfreien Würstchen und Spiegelei sowie hinterher Toast mit Orangenmarmelade (*marmelade*, die rote heißt *jam*); dazu trinkt man Tee.

Ein **afternoon tea** *(tea house, coffee house)* beweist, dass die Schotten Meister des kleinen Hartgebäcks sind, das es mit Karotten, Ingwer, Schokolade, Kokos u.v.m. gibt. Von England übernommen sind die *scones*, kleine runde Brötchen, die aufgeschnitten und mit (gesalzener) Butter oder *double cream* und roter Marmelade bestrichen werden. Eine ebenfalls angelsächsische Tradition ist der gegen 17/18 Uhr eingenommene **high tea,** zu dem Kuchen, Sandwiches und warme traditionelle Tellergerichte serviert werden.

Das schottische Nationalgericht, **Haggis,** besteht aus Innereien mit Hafermehl im Schafsmagen, traditionell serviert mit *tatties and neeps*, Kartoffeln und Rüben. Selbst vielen Schotten graut es vor dem »großen Oberhaupt des Presswurst-Clans« (Robert Burns), das man angeblich nur mit viel Whisky ertragen kann. Probieren Sie ihn am besten in einem wirklich guten Restaurant (scharf gewürzt, im Teigmantel oder auch vegetarisch).

Kleines kulinarisches Alphabet

bacon	(Frühstücks-)Speck	**hare**	Hase
bannock	süßes Brötchen	**kipper**	Räucherhering
beef	Rind	**lamb**	Lamm
black pudding	Blutwurst	**lobster**	Hummer
cereals	Müsli, Getreideflocken	**mussel**	Miesmuschel
		oatcake	Haferkeks
clapshot	Kartoffel-Rüben-Püree	**oyster**	Auster
		pheasant	Fasan
cock-a-leekie	Suppe mit Hühnerfleisch, Lauch, Backpflaumen	**pork**	Schweinefleisch
		porridge	Haferbrei
		salmon	Lachs
crab	Krebs, Krabbe	**sausage**	(Frühstücks-)Würstchen
cranachan	Dessert aus Sahne und Haferschrot	**scallop**	Jakobsmuschel
		scone	süßes Brötchen
cullen skink	Räucherfischsuppe	**scotch broth**	Graupen-Gemüsesuppe/-eintopf
duck	Ente		
fish 'n' chips	Backfisch mit Fritten	**scrambled egg**	Rührei
		shortbread	Mürbegebäck
fried egg	Spiegelei	**side dishes**	Beilagen
fudge	Toffee	**smoked ...**	geräucherter ...
haggis	mit Innereien und Hafermehl gefüllter Schafsmagen	**smokie**	Räucherfisch
		venison	Hirsch
		white pudding	Presssack

Sport & Freizeit

Neben den Sport-Broschüren des STB (s. S. 22) ist www.activity-scotland.co.uk hilfreich. Hier finden Sie alles zu Abenteuersportarten wie Paragliding, Canoeing, Rafting, Bergklettern, zu Wassersport, zu Reiten und Skiferien.

Angeln

Angeln ist die klassische Freizeitbeschäftigung im Land der großteils sauberen Gewässer. Königsdisziplin ist das **Lachsfischen,** das Feb.–Okt. Saison hat. Die beliebtesten der über 200 Lachsflüsse sind Spey, Tay, Tweed und Dee, wo man für die Angellizenz schon mal vierstellige Beträge zahlen muss. Auch für weniger bekannte Seen und Flüsse muss eine **Angelgebühr** ab 5 £ pro Tag an den Grundbesitzer entrichtet werden; dies kann man in Touristenbüros, Lebensmittelläden, Hotels, Postämtern oder Angelgeschäften tun.

Golfen

Die meisten der 470 Golfplätze im Heimatland des Golf sind auf Gäste eingestellt. Ein Telefonat oder eine schriftliche Reservierung beim *secretary* des gewünschten Clubs reicht meist, ein Handikap-Zertifikat und ein Empfehlungsschreiben des Heimatclubs sind hilfreich. Die kleinen kommunalen Plätze nehmen ab 10 £ Tagesgebühr, die berühmten Privatclubs über 25 £: Golf ist in Schottland günstiger als auf dem Kontinent. Gediegene Kleidung wird vor allem im Clubhaus gern gesehen und teilweise sogar verlangt.

Radfahren

Durchs Hochland für trainierte Biker, für weniger Fitte die flacheren Küsten von Solway, die Vier-Abteien-Route in den Borders oder das mit vielen Radwegen erschlossene Fife. In den letzten Jahren hat Schottland ein Netz von Radwanderwegen erhalten. Infos über Routen, Vermieter (pro Tag 5–20 £), Werkstätten, Transport erteilt:

Sustrans, 3 Coates Pl., Edinburgh EH3 7AA, Tel. 0131/623 76 00, www.sustrans.org.uk

Als Lachsfischer am Tweed hat man Geld, Gummizeug und Ehrgeiz

Wandern

Vielleicht die schönste Art, Schottlands grandiose Natur kennen zu lernen. Beachten Sie den *country code*: Gatter wieder schließen, kein offenes Feuer entzünden, keinen Abfall hinterlassen, Rücksicht auf Tiere und Pflanzen, auf den markierten Wegen bleiben. Einen Ranger-Service mit geführten Wanderungen bietet Scottish Natural Heritage, Tel. 0131/447 47 84. Kompass, feste Schuhe, warme, regendichte Kleidung und Wasservorrat sind Pflicht – die Berge sind zwar nicht alpin, doch plötzliche Wetterumschwünge sind extrem gefährlich. Neben zahlreichen kleinen Wanderungen bzw. Spaziergängen, zu denen die lokalen Touristenbüros Infos bereithalten, gibt es Langstreckenwege: den viel begangenen **West Highland Way** von Glasgow nach Fort William (153 km), den **Speyside Way** von Buckie nach Aviemore entlang des Spey durch die Grampians (135 km), den **Southern Upland Way** von Portpatrick an der West- bis Cockburnspath an der Ostküste (341 km), den **St. Cuthbert´s Way** durch die Borders von Melrose an die Küste und bald den **Fife Coastal Path** von North Queensferry nach Dundee.

Unternehmungen mit Kindern

Schottland ist geradezu ideal, um mit Kindern zu verreisen. Spezielle Attraktionen wären etwa das **Museum of Childhood** in Edinburgh (42 High St., Mo–Sa 10–17 Uhr) oder **Scotland Street School** in Glasgow (225 Scotland St., Mo–Do, Sa 10–17, Fr/So 11–17 Uhr), ein Schulmuseum im Mackintosh-Gebäude mit Mal- und Spielkursen für Kinder; **Highland Wildlife Park,** Kincraig (s. S. 32) und **Blair Drummond Safari and Leisure Park** (D 8; April–Okt. 10–17.30 Uhr): Safari-Tierpark mit Schimpanseninsel, dressierten Seelöwen und jeder Menge Vergnügungen und Spielplätzen à la Phantasialand. Immer Spaß machen **Böotchentouren** zu Seehunden und Wasservögeln in Fort William (s. S. 48f.) und Dunvegan auf Skye (s. S. 89).

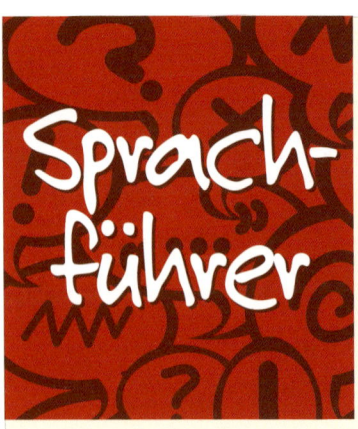

Sprach-führer

In Schottland haben Sie es mit drei Sprachen zu tun. Umgangssprache ist ein hartes, gutturales Englisch mit einem deutsch klingenden Akzent, das etwas Einhören erfordert. Die Schotten sind selbst für nicht besonders gelungene Versuche, Englisch zu sprechen, freigiebig mit Komplimenten – also keine Angst. Das Scots mit 50 000 eigenen Vokabeln wäre fast eine eigenständige Sprache geworden. Wenn Sie z.B. Burns lesen, merken Sie, dass das Schulenglisch nicht reicht: bonny heißt hübsch, tolbooth Rathaus, kirk Kirche, mercat cross Marktkreuz und ein wee dram ist ein kleines Schlückchen Whisky. In den Highlands wurde bis ins 19. Jh. und wird noch heute von etwa 70 000 *native speakers* Gälisch gesprochen, wohl leider eine sterbende Sprache. Gälisch findet man vor allem in den Ortsnamen wieder.

Ortsnamen und Ortsnamenbestandteile

Berg	ben
steiler Berg	tor
Berg über 3000 Fuß	munro
Binnensee	loch
Bucht	oban
Dorf, Stadt	bally
eingezäuntes Farmland	park
Fels	craig
Fels im Meer	skerry
Festung, Fort	caer
Flussmündung	inver
Fort	dun
enge Gasse	close, wynd
Hügel, Berg	fell
gerundeter Hügel	law
Insel	inch, innis
Isthmus	tarbet
Kap	ross
Meerarm	firth
Meerenge	kyle
Moor	muir
Mulde, Tiefland	howe
Schlachtfeld	blair
Spitze, Gipfel	tap
Steinhaufen	caim
Tal	glen
breites Tal	strath
Tümpel, Wasserfall	linn

Notfälle

Apotheke, Drogerie	chemist's
(praktischer) Arzt	doctor, GP
Beschwerden	trouble
Erste Hilfe	first aid
Fieber	fever
Feuerwehr	fire brigade
Kopfschmerzen	headache
Krankenhaus	hospital
Krankenwagen	ambulance
(Arznei-) Mittel	medecine
Notfall	emergency
Polizei	police
(Arzt-) Praxis	surgery
Rezept	prescription
Unfall	accident
Verbandszeug	first-aid kit
Verletzung	injury
Versicherung	insurance company
Zahnarzt	dentist

Die wichtigsten Sätze

Can I see the room? – Darf ich das Zimmer mal sehen?
Can you help me, please? – Können Sie mir bitte helfen?
Could I have the menu/bill, please? – Die Speisekarte/Rechnung, bitte.
Could you tell me how to get to ...? – Könnten Sie sagen, wie ich zum ... komme?
Do you take eurocheques/credit cards? – Nehmen Sie Euroschecks/Kreditkarten?
Excuse me! – Entschuldigung.
Have a good journey/a nice day! – Gute Reise/Schönen Tag noch!
Have you got any vacancies? – Haben Sie noch Zimmer frei?
»How are you?« »Fine, thanks. And you?« – »Wie geht's?« »Danke, gut, und Ihnen?«
How much is it? – Wie viel kostet es?
I'd like a map of the town – Ich hätte gern einen Stadtplan.
I'd like to rent a car/to change marks/shillings/Swiss francs into pounds. – Ich möchte ein Auto mieten/Mark/Schillinge/Schweizer Franken in Pfund wechseln.
I don't understand. – Ich verstehe nicht.
I'll have ... – Ich nehme ...
I'm so sorry! – Tut mir leid.
Is there a nice pub/restaurant here? – Gibt's hier ein nettes Restaurant/einen netten Pub?
Pardon? – Wie bitte?
See you later/soon/tomorrow! – Bis später/bald/morgen!
That's amazing/gorgeous/great/terrific/very kind of you. – Das ist erstaunlich/fabelhaft/prima/großartig/nett von Ihnen.
What can you recommend? – Was empfehlen Sie?
Where are the toilets, please? – Wo bitte ist das WC?
Would you reserve us a table for two for this evening, please? – Würden Sie uns bitte einen Tisch für zwei Personen für heute Abend reservieren?
Would you speak a bit more slowly, please? – Könnten Sie wohl etwas langsamer sprechen?
You're welcome. – Bitte schön, keine Ursache.

Schottische Begriffe

falsch	fause	Mädchen/Freundin	lass(ie)
Fußball	fitba	Metzger	flesher
Gebäude	biggin	Morgen	forenoon
geben	gie	kalter Seenebel an der Ostküste	haar
gehen	gea	kleines Stück Land in den Highlands	croft
ja	aye		faither
Kind	baim	Vater	

ℹ️ Reise-Service

Auskunft

Für Deutschland gibt Auskunft:
British Tourist Authority (BTA)
Westendstr. 16–22
60325 Frankfurt/Main
Tel. 01801/46 86 42
Fax 069/971 12-444
www.visitbritain.com

Schweizer wenden sich an:
British Tourist Authority (BTA)
Limmatquai 78
8001 Zürich
Tel. 01/266 21 66
Fax 01/266 21 61

Österreicher wenden sich an:
Britain Visitor Centre
Schenkenstr. 4
1010 Wien
Tel. 01/533 26 16 81
Fax 01/533 26 16 85

Auskunft vor Ort gibt:
Scottish Tourist Board (STB)
23 Ravelston Terrace
Edinburgh EH4 3EU
Tel. 0131/332 24 33
Fax 0131/315 45 45

Ca. 170 Touristenbüros helfen dem Urlauber vor Ort bei der Planung seiner Reise mit Tipps zu Veranstaltungen, Buchung der Unterkunft (kleine Gebühr), Landkarten, Broschüren, Rundreisen und Ausflügen. Die Öffnungszeiten sind meist Mo–Fr 9–16 Uhr, im Sommer oft länger. Die kleineren Büros haben nur während der Saison geöffnet, meist Ostern–Okt. Gegen Gebühr kann man Infomaterial bestellen, so u. a. Bücher zu ›Bed and Breakfast‹, den ›Touring Guide‹ (Sehenswürdigkeiten, Öffnungszeiten), ›Hotels and Guest Houses‹ (Auswahl), ›Self-Catering‹ (Selbstversorger), ›Caravan and Camping‹:

Britain Direct GmbH
Ruhbergstr. 8
69242 Mühlhausen
Tel. 06222/67 805-0
Fax 06222/67 805-19
www.britaindirect.com

... im Internet

www.visitscotland.com – die offizielle Site mit Infos, Buchungsmöglichkeit, Links zu den Area Tourist Boards u. v. m.
www.scotland.org – Meta-Finder für alle schottischen Links
www.scotsman.com – Website der schottischen Zeitung, Aktuelles, Veranstaltungshinweise etc.
www.aboutscotland.co.uk – private Site, ausgewählte, recht gute Tipps zu Unterkunft, Essen etc.
www.dumontreise.de

Reisezeit

Es herrscht ein mildes maritimes Klima. Mit Regen – mehr an der West- als an der Ostküste –, stürmischen Winden und niedrigen Temperaturen muss man ganzjährig rechnen. Aufgrund der geographischen Lage kann man im Juni vor allem in den nördlichen Regionen eine Art Mitternachtssonne erleben. Frühjahr und Herbst sind die angenehmsten Reisemonate. In der Hochsaison im Juli und August ist es voll, und ohne Vorbestellung läuft da nichts.

Einreise

Für einen Aufenthalt bis zu sechs Monaten brauchen EU-Bürger nur einen Personalausweis bzw. Reisepass, Schweizer die Nationale

Identitätskarte. Tiere müssen sechs Monate in Quarantäne oder die Bedingungen des ›Pet Travel Scheme‹ erfüllen. Da das (noch) sehr kompliziert ist, wird der normale Reisende Hund und Katz wie bisher daheim lassen müssen. Für die Ein- und Ausfuhr von Landes- und Fremdwährung bestehen keine Beschränkungen, die Einfuhr von Treibstoff in Kanistern, von Geflügel- und Schweinefleisch sowie Eiern ist verboten. Reisende, die nicht länger als zwölf Monate im Land bleiben wollen, dürfen Reisegut zum persönlichen Gebrauch abgabefrei einführen.

Anreise

Aktuelles für alle Anreisearten und Links zu den Transportunternehmen bietet die Website der BTA: www.visitbritain.com

... mit dem Flugzeug

British Airways (Tel. 01805/26 65 22) und Lufthansa (Tel. 01803/80 38 03) fliegen nahezu täglich u. a. von Düsseldorf, Frankfurt, München und Zürich nach Edinburgh, Glasgow oder Aberdeen.

... mit der Bahn

Alle Verbindungen führen über London (Strecke Frankfurt–London knapp 11 Std.), von da in 4–5 Std. (auch als Schlafwagen) nach Aberdeen, Edinburgh, Fort William, Glasgow, Inverness. Infos bei www.britrail.co.uk oder:
BritRail c/o Rail Europe, Lindenstr. 5, 60325 Frankfurt/Main, Tel. 069/97 58 46 46, Fax 069/97 58 46 25.

Für die Schweiz und Österreich: Tel. 031/380 19 44, Fax 031/380 19 49 (Bern).
Buchen müssen Sie bei einem DER-, Schweizer oder Österreicher Bahn-Reisebüro oder Britain Direct.

... mit dem Bus

Die Europabusse der
Deutschen Touring Gesellschaft
Am Römerhof 17
60486 Frankfurt/Main
Tel. 069/790 03 50
Fax 069/790 3219
fahren von Aachen, Frankfurt, Köln (16 Std.), Mannheim, München und Stuttgart nach London. Von da gibt es Busse von ›Scottish Citylink‹/›National Express‹ nach Edinburgh und Glasgow (s. S. 24).

... mit Auto und Fähre

Kürzeste Verbindung – 1,5–2 Std., etwa alle 45 Min. – ist die Strecke Calais–Dover über den Kanal:
P & O Stena Line
L. J. Costerstraat 28
NL 5916 PS Venlo
Tel. 069/50070-364
Fax 069/50070-366
Die von Dover etwa 10-stündige Nordfahrt auf der M 6 bis Carlisle kürzt ab, wer mit
DFDS Seaways
Van-der-Smissen-Str. 4
22767 Hamburg
Tel. 040/389 03-71
Fax 040/389 03-141
von Amsterdam nach Newcastle (14 Std.) oder von Hamburg nach Newcastle (23 Std.) fährt.
North Sea Ferries
P. O. Box 1123
NL-3180 AC Rozenburg
Tel. 0031/181/25 55 55
Fax 0031/181/25 52 15

fährt von Zeebrügge und Rotterdam nach Hull, das etwa auf halber Strecke nach Schottland liegt (14 Std.). Eine Broschüre zu Autofähren nach Großbritannien und Irland ist beim BTA erhältlich.

Unterwegs in Schottland

... mit dem Flugzeug

British Regional Airlines (Tel. 0845/77 333 77) betreibt den Großteil des innerschottischen Flugnetzes, auch auf viele Inseln (s. Infos vor Ort). Das ›Highland Rover Ticket‹ für fünf innerschottische Flüge kostet 169 £.

... mit der Bahn

Fahrpläne, Spartickets und Infos gibt's bei ›Rail Europe‹ (s. S. 23) und ›Scotrail‹; Auskunft für gesamt Schottland Tel. 08457/48 49 50, www.scotrail.co.uk. Hauptstrecken sind Edinburgh–Aberdeen–Inverness–Thurso; Edinburgh–Inverness; Glasgow–Oban–Mallaig; Inverness–Dingwall–Kyle of Lochalsh. Der Nordwesten hat keinen Anschluss. ›Freedom of Scotland Travel Pass‹, Bahnfahren und Calmac-Fähren an 4 Tagen innerhalb von 8 Tagen: 69/79 £.

... mit dem Bus

›Scottish Citylink‹/›National Express‹ betreibt das Überlandbus-Netz zwischen allen wichtigen Städten (Tel. 08705/50 50 50, www.citylink.co.uk). Ein ›Explorer Pass‹, gültig für drei Tage und ganz Schottland, kostet 33 £. Daneben gibt es regionale Bus-

unternehmen sowie für die entlegensten Gebiete den Postbusservice, den man auch als Tourist nutzen kann:

Royal Mail Public Relations
The Post Office, Room 716
102 West Port
Edinburgh EH3 9HS
Tel. 0131/228 74 07
Fax 0131/228 71 39

In Edinburgh bietet
Haggis Backpackers
7–9 Blackfriars St.
Tel. 0131/557 93 93
Fax 0131/558 11 77
individuelle, preiswerte Bustouren für Rucksacktouristen an.
Infos über öffentliche Verkehrsmittel in den Highlands und Islands und eine Landkarte gibt es bei:
Mrs. Sheila Fletcher
Highland Council
Glenurquhart Road
Inverness IV3 5NX
Tel. 01463/70 26 95
Fax 01463/70 26 06

... mit der Fähre

Caledonian MacBrayne alias **Calmac** betreibt die Fähren zu den Inseln vor der Westküste:
Head Office, Ferry Terminal
Gourock PA19 1QP
Tel. 08705/65 00 00
Fax 01475/63 52 35
www.calmac.co.uk

Reisen mit Behinderungen

Das STB gibt eine Broschüre mit Tipps für Reisende mit Behinderungen heraus (›Practical Information for Visitors with Disabilities to Scotland‹). Die Symbole des ›Tourism for All‹ bedeuten, dass man hier auf die Bedürfnisse behinderter Besucher eingeht. Zur Seite steht Behinderten ›Advice Service Capability Scotland‹, eine Organisation, die Infos und Verzeichnisse behindertengerechter Hotels, Campingplätze, Sehenswürdigkeiten etc. zur Verfügung stellt (11 Ellersly Rd., Edinburgh EH12 6HY, Tel. 0131/313 5510, Fax 0131/34 6 16 81, www.capability-scot land.org.uk).

Unterkunft

Das STB hat Hotels, Guest Houses und B & B auf einer Skala von 1 bis 5 Sternen klassifiziert und überwacht die Standards ständig.

Die spezifisch britische Tradition des **Bed and Breakfast** bietet Übernachtung und Frühstück bei Privatpersonen, oft mit Familienanschluss – eine empfehlenswerte Unterkunftsform, die auch von einheimischen Reisenden häufig genutzt wird. Der Übergang zu den meist professionelleren, etwas teureren **Guest Houses** mit mehr Zimmern ist fließend. Einfache B & B kosten meist nicht unter 14 £. Ab der Kategorie ›moderat‹, teilweise auch ›günstig‹ (meist nicht unter 17 £) können Sie eigenes Bad und WC (private facilities oder ensuite) erwarten. B & B liegen oft konzentriert an den Ausfallstraßen. Viele B & B bieten eine Abendmahlzeit.

Alle der über 80 **Hostels** haben eine Küche für Selbstversorger, die größeren Häuser bieten Mahlzeiten an. Es wird ein Jugendherbergsausweis verlangt (keine Beschränkungen hinsichtlich Alter oder Aufenthaltsdauer). Die Hostels reichen von einer sehr einfachen 1-Sterne-Herberge ohne Dusche für ca. 4 £ bis zum 3-Sterne-Luxushostel mit ensuite-Zimmern, vielen Serviceleistungen und längeren Öffnungszeiten für ca. 13 £.
SYHA National Office
7 Glebe Cr.
Stirling FK8 2JA
Tel. 01786/89 14 00
Fax 01786/89 13 33
www.syha.org.uk
Zentrale Reservierung für alle Jugendherbergen:
Tel. 08701/55 32 55

Daneben gibt es die unabhängigen Independent Hostels:
Independent Backpackers' Hostels Scotland
Croft Bunkhouse
Portnalong
Isle of Skye IV47 8SL
Tel./Fax 01478/64 02 54
www.hostel-scotland.co.uk

Krankenhäuser/ Ärzte

Das Gesundheitssystem in Großbritannien garantiert allen Briten kostenlose Behandlung. Dies gilt auch für Bürger der EU-Mitgliedsstaaten sowie der Schweiz, allerdings nur in Krankenhäusern, die eine ›Accident-and-Emergency‹-Abteilung haben (Notfall-/Unfallabteilung), die sich in jeder Stadt befinden oder – in ländlichen Gegenden – in der nächstgrößeren Kleinstadt. Diese Abteilungen nehmen alle Fälle auf, auch wenn es sich nur um kleinere Beschwerden handelt.

Der Besuch bei GPs (general practitioners, das Äquivalent zu unseren Hausärzten) und Zahnärzten wird von den Krankenkassen nicht erstattet. Der Abschluss einer zusätzlichen privaten Reisekrankenversicherung ist ratsam.

Orte v

Ob Castle und Holyrood Palace in Edinburgh, der Königin der schottischen Städte, ob Nekropolis und St. Mungo's Cathedral der Rivalin Glasgow, dem alten Industrieort und neuen Designer-Zentrum, ob Restaurants, *tea rooms* und Pubs in den großen Städten oder den kleinen Fischerorten an West- und Ostküste, ob Highland Games in Stirling, Schlösser am Dee,

ron A-Z

Rhododendron-Gärten, ob die nebelumwehte Isle of Skye, das schicksalsträchtige Tal der Tränen, Glencoe, ob berühmte Burgen wie Eilean Donan Castle oder entsetzliche Monster in den tiefen Lochs der Highlands – dieser Schottland-Führer gibt Ihnen nützliche Tipps und ausgesuchte Adressen, damit Ihr Aufenthalt zu einem Erlebnis wird.

Orte von A-Z

Alle interessanten Orte und ausgewählte touristische Highlights auf einen Blick – alphabetisch geordnet und aufgrund der Lage- bzw. Koordinatenangabe problemlos in der großen Extra-Karte zu finden.

Aberdeen

Lage: G 5
Vorwahl: 01224
Einwohner: ca. 210 000

Aberdeen ist Großbritanniens Ölstadt, die Offshore-Kapitale für die Plattformen draußen in der Nordsee. Das Öl hat sichtbar Geld in Schottlands drittgrößte Stadt gebracht, die Wert auf Kunst und Kultur legt. Aberdeen besteht aus zwei sehr unterschiedlichen Teilen: Die hektische Neustadt um Union und King Street, Anfang 19. Jh. in einheitlichem, streng-schlichtem Stil entworfen, ist das granitene, graue Aberdeen. Old Aberdeen mit den kopfsteingepflasterten Sträßchen Chanonry, High Street und Don Street ein paar Kilometer nördlich der Neustadt ist eine pittoreske mittelalterliche Gelehrtenenklave.

Brig o'Balgownie: 2 km nördlich der St. Machar's Cathedral auf der Don St. Mittelalterliche Brücke, pittoreske Häuser, Uferdschungel.

City Chambers/Tolbooth Museum: Castle St. Das Tolbooth Museum im viktorianischen Rathaus widmet sich der Stadtgeschichte (April–Sept. Mo–Sa 10–17, So 12.30–15.30 Uhr); das *mercat cross* am Hauptplatz ist von 1686.

King's College: High St., Old Aberdeen, Mo–Sa 10–17, So 12–17 Uhr.
Universität und eine der schönsten schottischen Kirchen, mit einmaliger, vollständig erhaltener geschnitzter Inneneinrichtung aus dem Spätmittelalter; sehenswertes Besucherzentrum. Die Universität, 1494 gegründet, ist Schottlands drittälteste; drumherum beschauliches Studentenleben.

Provost Ross's House: Shiprow, Mo–Sa 10–17, So 12–15 Uhr.
Schifffahrtmuseum in einem der ältesten Häuser Aberdeens – vom Teeklipper zur küstennahen Ölförderung. Ein paar Meter weiter erstreckt sich der beeindruckende Hafen mit seinen Riesentrawlern.

Provost Skene's Haus: Guestrow, in der Nähe der Broad St., Mo–Sa 10–17, So 13–16 Uhr.
Das älteste Haus von 1545 mit sehenswerter historischer Einrichtung wird förmlich erdrückt von modernen Betonklötzen.

St. Machar's Cathedral: Chanonry, tgl. 9–17 Uhr. Spätgotische Kathedrale mit einer

 **Sightseeing**

 Restaurants

Museum

Shopping

Ausflüge

 Nightlife

 **Information**

 Feste & Theater

Hotels

Verkehr

mächtigen Turmfront, wappengeschmückter Decke und wildromantischem Friedhof.

 Art Gallery: Schoolhill, Mo–Sa 10–17, So 14–17 Uhr.
Kunst des 19./20. Jh., u. a. Barbara Hepworth und Henry Moore.

Dunnottar Castle (G 6): Mitte März–Okt. Mo–Sa 9–18, So 14–17 Uhr, Nov.–Mitte März Mo–Fr 9 Uhr bis Sonnenuntergang.
Dramatisch thront eine der historisch bedeutsamsten Burgruinen von Schottland auf den Klippen; von hier aus kann man schöne Küstenspaziergänge unternehmen.

Tourist Information: Provost Ross's House, Shiprow, Tel. 28 88 28, www.agtb.org.

In der **Crown Street** liegen zahllose Hotels und Guest Houses, in denen die vielen Arbeiter der Ölplattformen wohnen.
Aberdeen Youth Hostel: 8 Queen's Rd., Tel. 64 69 88, Fax 64 84 94, günstig.
2 Sterne; mitten in der Neustadt.

Craiglynn Hotel: 36 Fonthill Rd., Tel. 58 40 50, Fax 21 22 25, moderat.
Zentrale viktorianische Granitvilla mit Stuckdecken, Kaminen und eigenem Bad; frische schottische Küche mit moderaten Preisen.
Northern Hotel: 1 Great Northern Rd., Tel. 48 33 42, Fax 27 61 03, moderat.
In der Nähe der Altstadt an einer großen Straße gelegen; innen komplett neu eingerichtet, von außen Art déco mit kurios gerundeter Schmalseite: *pleasantly strange*.
Brentwood Hotel: 101 Crown St., Tel. 59 54 40, Fax 57 15 93, moderat bis teuer.
Ein freundliches Granitreihenhaus mit massig Zimmern.
Atholl Hotel: 54 King's Gate, Tel. 32 35 05, Fax 32 15 55, teuer.
Eins der für Aberdeen charakteristischen Granithäuser im Westend der Stadt.

 Die Stadt ist bekannt für ihre guten Restaurants.
Ashvale Fish and Chips Restaurant and Take Away: 44–48 Great Western Rd., günstig
Eine Institution, sehr preiswert.

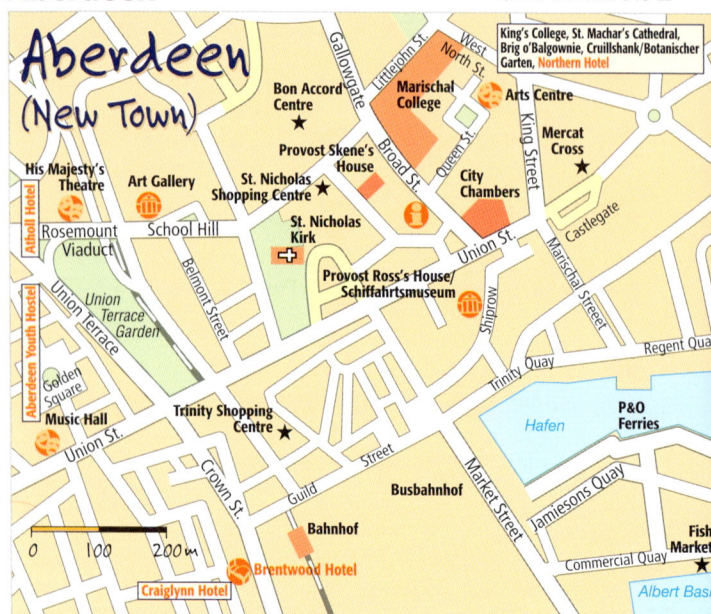

The Lemon Tree: 5 West North
St., Tel. 62 16 10, günstig.
Oben Theater, unten Café/Bistro.
Kabarett und *home cooking*.
The Courtyard on the Lane:
1 Alford Lane, Tel. 21 37 95,
moderat bis teuer.
Unten preiswerteres Bistro, oben
teures ›Gourmet-Restaurant des
Jahres 1994‹.
Q Brasserie: 9 Alfred Place,
Tel. 59 50 01, teuer.
Aberdeens am dichtesten durch-
gestylte Adresse in einem ehe-
maligen Kirchengebäude serviert
schmackhaftes Bistroessen.
Silver Darlings: Pocra Quay,
North Pier, Tel. 57 62 29, Luxus.
Eins der renommiertesten Sea-
food-Restaurants von Schottland.
Authentisch-schlichte Hafenatmo-
sphäre.

Den sehenswerten **Fisch-
markt** am Hafen, Albert
Basin, Mo–Fr 7–9.30 Uhr, können

nur Frühaufsteher genießen; am
besten zwischen 7 und 8 Uhr.

Pubs: Ma Cameron's Inn:
6–8 Little Belmont St. Der
angeblich älteste Pub der Stadt.
Under the Hammer:
11 North Silver St.
Auch ältere Semester – gut, um
die Aberdeener zu treffen.
The Prince of Wales: 7 St. Nicho-
las Lane, nahe der Union St.
Der Pub von Aberdeen mit traditionellem Ambiente und *real ales*,
dazu eine gute Auswahl von
Single-Malt-Whiskys.

His Majesty's Theatre:
Rosemount Viaduct, Tickets
Box Office Union St., Tel. 64 11 22.
Gilt auch für Ticketkauf für die
Music Hall, Union St., wo namhaf-
te schottische Orchester auftreten.
Arts Centre: King St., Tel. 63 52 08.
Feste: Aug.: **Highland Games** in
Aberlour, Aboyne, Ballater; **Lo-**

nach **Highland Gathering** mit dem berühmten Marsch der Männer von Lonach; **International Youth Festival;** Okt.: **Ethnikfest:** Multikulti-Musik, -Tanz, etc.

 **Flughafen:** International Airport, Dyce, 11 km nordwestlich der Stadt an der A 96, Tel. 72 23 31.
Busverbindung, Taxi etwa 10 £, Autovermietung. Flüge aus Skandinavien, Großbritannien oder innerschottisch zu den Inseln.
Bahn: Hauptbahnhof Guild St., Info Tel. 08457/48 49 50.
Bus: Grampian Transport, 395 King St., Tel. 63 70 47.
Hauptbusbahnhof Guild St., Auskunft Tel. 21 22 66.
Autovermietung: Arnold Clark, Girdleness Rd., Tel. 24 91 59.
Schiff: P & O Ferries, Jamieson's Quay, Tel. 57 26 15.
Autofähren nach Shetland via Orkneys und zu den Faröern (Dänemark).

Alloway

Lage: C 10
Vorwahl: 01292
Einwohner: ca. 500

Was den Borders Sir Walter Scott ist, ist den südwestlichen Lowlands der Nationaldichter Robert Burns (1759–96), dessen Gedenkstätten sich vor allem im adretten Alloway häufen.

Im National Heritage Park in Alloway dreht sich alles um den Dichter: die supermoderne **Tam o'Shanter Experience-Schau** (April–Okt. 9–18, Nov.–März 9–17 Uhr), die unheimliche Ruine der **Alloway Kirk**, die alte Steinbrücke **Brig o'Doon** und **Burns' Geburts-Cottage** (April–Okt. 9–18, Nov.–März Mo–Sa 10–16, So 12–16 Uhr).

Culzean Castle: April–Okt. 10.30–17 Uhr.

Nicht ganz billig: B & B der *upper class* in Culzean Castle

Ein mittelalterlich anmutender Robert-Adam-Bau mit wundervoller georgianischer Einrichtung und einem Park in dramatischer Klippenlage. Auch ein Luxus B & B mit Luxusdinner im Eisenhower Apartment, Tel. 01655/88 44 55.

 The Richmond Guest House: 38 Park Circus, Ayr, Tel. 26 51 53, Fax 28 88 16, günstig.
Einfache, empfehlenswerte Pension im 5 km entfernten Seebadeort Ayr (48 000 Einwohner).

Briga'doon Hotel: Tel. 44 24 66, Fax 44 19 99, teuer.
Traditioneller, alter Landgasthof am Doon-Ufer, direkt neben Brig o'Doon und dem Park mit dem Burns-Monument.

 Fouter's Restaurant: 2A Academy St., Ayr, Tel. 26 13 91, teuer.
In ansprechend neu gestyltem Gewölbe. Renommiertes Essen; einfacher und billiger in der Bar.

Anstruther

Lage: F 8
Vorwahl: 01333
Einwohner: ca. 3000
s. S. 35

Aviemore

Lage: E 5
Vorwahl: 01479
Einwohner: ca. 1500

Das Ferien- und Wintersportzentrum – hässliche Hochhäuser vor grandioser Kulisse – taugt als Standquartier, um in die großartige Bergeinsamkeit der Cairngorms einzutauchen.

 Cairngorm-Massiv: Zwei Sessellifte schaukeln den Besucher bei gutem Wetter auf den Ptarmigan mit Großbritanniens höchstgelegenem Café. Von dort 15 Min. zu Fuß bergauf auf den Cairngorm (1 245 m) mit einem weiten Rundblick.

Highland Wildlife Park (D 5): Kincraig, April–Okt. 10–18, Juni–Aug. 10–19, Nov.–März 10–16 Uhr.
Unbedingt sehenswerter Park mit Safari- und Gehegeteil: Hochlandrinder, Wildkatzen, Wölfe u.v.m.

Carrbridge: Hübsches Örtchen mit Steinbrücke und Landmark Visitor Centre zur regionalen Flora und Fauna (10–18 Uhr, Winter bis 17, Juli/Aug. bis 20 Uhr).

 Tourist Information: Grampian Rd., Tel. 81 03 63.

 Aviemore Youth Hostel: 25 Grampian Rd., Tel. 81 03 45, günstig.
3 Sterne; modernes Gebäude in einem Birkenhain.

Lynwilg House: Lynwilg, 2 km südlich von Aviemore, Tel./Fax 81 16 85, moderat.
Preiswertes kleineres *country house* mit Blick auf die Cairngorms; Kaminfeuer, Angeln im eigenen See, Krocket, für das Restaurant Gemüse aus eigenem Garten.

 Old Bridge Inn: Old 23, Dalfaber Rd., Tel. 81 11 37, moderat.
Schottische Eintöpfe, Käse, köstliches Wild und Holzkohlegrilladen, auch ein traditioneller Pub.

The Rowan Country Hotel: Loch Alvie, an der B 9152, Tel./Fax 81 02 07, moderat.
Traditionelles Hochlandessen – Lamm mit Apfel, Räucherlachs –,

Ferienschloss der Queen in Schottland: Balmoral Castle

tea room, Kunsthandwerksladen und darüber hinaus 10 Zimmer (moderat).

 Bahn: Strathspey Steam Railway, Tel. 81 07 25. Der Nostalgiezug fährt Ostern–Okt. vom Bahnhof in der Dalfaber Road bis Boat of Gartan, Juni–Sept. tgl.

Ballater

Lage: F 6
Vorwahl: 01 33 97
Einwohner: ca. 1300

Die adrette, fast durchgängig viktorianische Kleinstadt ist Ausgangspunkt für die Erkundung der Royal Deeside. Queen Victoria, der königlichen Urlauberin, verdankt die schroffe bis liebliche Heide- und Waldlandschaft ihr Gütesiegel ›Royal‹ sowie eine Touristenroute, beschildert mit Vics Profil auf braunem Grund.

 Tour zu den berühmten Dee-Schlössern, die alle von Parks und Gärten mit Wanderwegen umgeben sind: **Craigievar Castle** (F 5) ist der Inbegriff des Baronialstils, ein *tower house* des 17. Jh. mit einem Kranz aus Türmchen und Erkerchen (Mai–Sept. 13.30–17.30 Uhr). Die beiden anderen sind **Crathes Castle** (G 6, April–Okt. tgl. 10.30–17.30 Uhr, Gärten ganzj. 9.30 Uhr bis Sonnenuntergang) und **Drum Castle** (G 5/6, Ende April, Mai, Sept. tgl. 13.30–17.30, Juni–Aug. 11–17.30, Okt. Sa/So 13.30–17.30 Uhr). **Balmoral Castle** (E 6) im Neobaronialstil des 19. Jh. ist das ›Ferienhäuschen‹ der Windsors (Mitte April–Juli tgl. 10–17 Uhr).

 Tourist Information: Station Sq., Tel. 553 06.

Moorside House: Braemar Rd., Tel./Fax 554 92, günstig. Viktorianische Villa mit neun sehr komfortablen Räumen *ensuite*.

... und nach der Besichtigung gibt's ein Eis

Deeside Hotel: Braemar Rd., Tel. 554 20, Fax 553 57, moderat. Dee-typisches Häuschen aus pinkfarbenem Granit; charaktervolle, teils alte Einrichtung; preiswert und gut das Restaurant; Bar.

Kildrummy Castle Hotel: Kildrummy, Tel. 01 97 55/712 88, Fax 713 45, Luxus bis teuer. Eins von Schottlands schottischsten Country-House-Hotels in einem ehemaligen Jagdschlösschen; direkt oberhalb der grandiosen Ruinen von **Kildrummy Castle** (April–Sept. tgl. 9.30–18.30 Uhr) aus dem 12. Jh. und den erholsamen Gärten. Nach dem Dinner – Fasanensüppchen, Hirsch in süßer Sauce – gibt es einen himmlischen Single Malt Whisky.

Auld Kirk Hotel: Braemar Rd., Tel. 557 62, Fax 557 07, günstig.

Ausgezeichnete Küche im Country Style bietet dieses originelle Hotel in einer ehemaligen Kirche. **The Green Inn:** 9 Victoria Rd., Tel./Fax 557 01, teuer. Preisgekrönt – schottische Frischprodukte mit ausgefallener, teils orientalisch inspirierter Zubereitung; tolle Käseauswahl. Auch drei teure Zimmer *ensuite*.

Feste: Aug.: **Highland Games** hier und im nahen Aboyne.

Callander und die Trossachs

Lage: D 8
Vorwahl: 01877
Einwohner: ca. 1 800

Die reizvolle Umgebung des Touristenstädtchens Callander, die etwas zu viel gepriesenen und besuchten Trossachs um die Lochs Katrine, Achray, Vennachar und Lubnaig, hat Sir Walter Scott mit seinen historischen Romanen berühmt gemacht.

Rob Roy and Trossach Visitor Centre: Ancaster Sq., Callander, März–Mai und Okt.–Dez. 10–17 Uhr, Juni–Sept. 9.30–18, Juli/Aug. 9–22 Uhr. Rob Roy MacGregor wird hier zum Robin Hood stilisiert.

Rob Roy's Grave: Friedhof von Balquhidder 22 km nördlich von Callander. *Requiescat in pace*; stiller Ort am Loch Voil.

Trossachs Pier: Das Herz der Trossachs – hier kann man wandern oder eine Fahrt mit dem Ausflugsdampfer ›S.S. Sir Walter Scott‹ unternehmen.

Tourist Information: Im Rob Roy Visitor Centre, Tel. 33 03 42.

 Brook Linn Country House: Leny Feus, Tel./Fax 33 01 03, günstig.
Vikt. Villa mit Garten und Blick.
Lubnaig Hotel: Leny Feus, Tel./Fax 33 03 76, moderat.
Ein empfehlenswertes kleines Country-House-Hotel.
Priory Country Guest House: Bracklinn Rd., Tel. 33 00 01, Fax 33 92 00, moderat.
Sehr komfortable *ensuite*-Zimmer in viktorianischer Pfarrei.

 Dun Whinny's: 9 Bridge St., Tel. 33 12 57, günstig.
Der *tea room* serviert leckere Mittagssnacks in altem Häuschen.

 Fahrradvermietung: Trossachs Holiday Park, bei Aberfoyle, Tel. 0800/197 11 92.

Crail und Anstruther

Lage: F 8
Extra-Tour 4: S. 90f.
Vorwahl: 01333
Einwohner: ca. 1000 bzw. 3000

 Tourist Information: 62/64 Marketgate, Crail, Tel. 45 08 69; im Fisheries Museum, Anstruther, Tel. 31 10 73.

 Hazelton Guest House: 29 Marketgate, Crail, Tel./Fax 45 02 50, günstig.
Einfache, wohnliche Zimmer in Crails historischer Oberstadt.
The Spindrift: Anstruther, Pittenweem Rd., Tel./Fax 31 05 73, moderat.

Ein luxuriöses B & B in adrettem viktorianischem Häuschen; Abendessen für Hausgäste.
Westfield House: Cupar, Westfield Rd., Tel. 01334/65 56 99, Fax 65 00 75, moderat.
B & B in georgianischem Landhaus.

 Anstruther Fish Bar & Restaurant: 42/44 Shore St., Tel. 31 05 18, günstig bis moderat.
Take-away und Bistro.
Ship Inn: The Toft, Elie, Tel. 33 02 46, moderat.
Alter Pub mit deftigem Essen im hübschen Fischerort Elie.
The Cellar Restaurant: 4 East Green, Anstruther, Tel. 31 03 78, teuer (s. S. 91).
Peat Inn: Cupar (im Landesinneren), Tel. 013 34/84 02 06, Luxus.
Einer der landesweit teuersten und besten Feinschmeckertempel.

 Ausflugsboot zur Isle of May, Tel. 31 01 03.

Crinan

Lage: B 8
Vorwahl: 01546

Der nur aus wenigen Häusern bestehende Jachthafen am Meer, an der letzten Schleuse des stillen, nostalgischen Crinan Canal, ist ein Geheimtipp. Spazier- und Fahrradwege führen entlang dem Kanal und ins nahe, idyllische **Kilmartin Valley,** in dem sich megalithische Grabhügel und Steinkreise wie auf einer Perlschnur reihen.

 Mrs. Mairi Anderson: Tigh-na-Glaic, Tel. 83 02 45, Fax 83 02 66, moderat.
Geräumige ›Suiten‹ in modernem B & B hoch über dem Hafen.

Cairnbaan Hotel: Cairnbaan, 4 km den Kanal entlang, Tel. 60 36 68, Fax 60 60 45, teuer. Geschmackvolle und komfortable Zimmer in alter Postkutschenstation; netter Pub mit Katze; innovatives *bar food*; Restaurant.

Cairn Restaurant: Kilmartin, Tel. 51 02 54, moderat. Nicht von dem Kramsladen-Ambiente abschrecken lassen! Hier wird einfallsreiche Küche serviert. **Tayvallich Inn:** Tayvallich, 10 km südlich von Crinan am Loch Sween, Tel. 87 02 82, moderat. Schnörkelloses *seafood* in Bar und Restaurant.

In der maritimen **Nautic Bar** des Crinan Hotel am Hafen wird Skipperlatein gedroschen. Das Hotel ist ebenso überteuert wie das landesweit gepriesene Fischrestaurant.

Tourist Information: The Square, Tel. 81 04 00.

Carbisdale Castle: Culrain, Ende des Kyle of Sutherland, ca. 25 km westlich des Ortes, Tel. 015 49/42 12 32, günstig. 3 Sterne; Schottlands schönste, grandios gelegene, nun frisch renovierte Jugendherberge in einem neogotischen Traumschloss der Herzöge von Sutherland – Statuen und Türme sowie Schlossgeist inklusive.

Mrs. J. A. MacKenzie: Trevose Guest House, The Square, Tel. 81 02 69, günstig. Komfortables Gästehaus neben der Kirche.

Dornoch Castle Hotel: Castle St., Tel. 81 02 16, Fax 81 09 81, moderat bis teuer. Eins der erschwinglichen Schlosshotels in ehemaligem Bischofspalast; urschottische Bar.

Dornoch

Lage: D 3
Vorwahl: 01862
Einwohner: ca. 900

In dem reizenden Küstenort gibt es eine gotische Kathedrale inmitten eines stillen Kirchhofs, traumhafte Sand- und Dünenstrände und einen weltberühmten Golfplatz. 20 km nördlich des Städtchens haben sich die Herzöge von Sutherland Dunrobin Castle mit prächtigen Gärten und einem sehenswerten Museum errichtet.

Dunrobin Castle: April/Mai, Okt. Mo–Sa 10.30–16.30, So 12–16.30 Uhr, Juni–Sept. bis 17.30 Uhr. Burg wie aus einem Märchenfilm; edwardianisch eingerichtete Säle.

Drumlanrig Castle

Lage: E 10

Eines von Schottlands prächtigsten Schlössern. 1645–76 entstand diese vierflügelige Hofanlage nach Plänen von Sir William Bruce. Der Spätrenaissancebau beherbergt eine exzellente Gemäldesammlung, u. a. Rembrandt (›Lesende alte Frau‹) und da Vinci. Fahrradverleih, Falknerei-Darbietungen, Wanderwege durch die großen Parks und Kunsthandwerksläden komplettieren das Angebot für die ganze Familie.

Drumlanrig Castle: Burg Mai–15. Aug. Mo–Sa 11–16, So 12–16, Park und Abenteuerspielplatz 24. April–19. Sept. tgl. 11–17 Uhr.

Dumfries

Lage: E 11
Vorwahl: 01387
Einwohner: ca. 30 000

Dumfries, das an Sonnentagen wegen des hauptsächlich verbauten roten Sandsteins fotogen glüht, ist eine geschäftige, typisch schottische Provinzhauptstadt. Schöne Spaziergänge führen am Nith entlang; sehenswert sind vor allem das **Wehr** und die **Devorgilla Bridge** von 1431. Der große Robert Burns (1759–96), Lyriker und *homme aux femmes*, lebte und starb hier.

Treffpunkt High Street

 **Burns-Haus:** Burns St., April–Sept. Mo–Sa 10–17, So 14–17, Okt.–März Di–Sa 10–13, 14–17 Uhr.
Burns' bescheidenes Sterbehaus.
Midsteeple: Das alte georgianische Rathaus von 1707 an der Haupteinkaufsstraße High St.; die Fußgängerzone mit Brunnen und Bänken lädt zum Flanieren ein.
St. Michael's Kirchhof:
An der St. Michael's St.
Im weißen Mausoleum liegt Burns mit Frau Jean begraben.

 15 km südlich von Dumfries steht Schottlands wohl schönste Burgruine: Das dreieckige **Caerlaverock Castle** aus dem 14. Jh. ist von einem Wassergraben und Schwertliliendickichten umgeben (Winter So morgens geschl.).

 **Tourist Office:** 64 Whitesands, Tel. 25 38 62.

Hazeldean Guest House: 4 Moffat Rd., Tel./Fax 26 61 78, günstig.
Viktorianische, hübsch eingerichtete Villa, sechs *ensuite*-Räume.

Torbay Lodge: 31 Lovers Walk, Tel./Fax 25 39 22, günstig.
Sechs helle, etwas verspielt eingerichtete ensuite-Zimmer in einer eleganten viktorianischen Villa in Zentrumsnähe.
Comlongon Castle: Clarencefield, 12 km südlich der Stadt, Tel. 87 02 83, Fax 87 02 66, teuer.
Ein holzgetäfeltes, mit Rüstungen und allerlei Ritterschnickschnack ausstaffiertes Tower House – ein beliebter Hochzeiterort – mit viktorianischem Anbau. Vor dem Abendessen steht eine historische Führung an. Achtung: Hausgeist. Das Restaurant ist auch für *non residents* geöffnet.

Globe Inn: 56 High St.
In dem immer gut besuchten Pub in der Fußgängerzone, der ein deftiges *grub* anbietet, trank schon Robbie Burns seinen Port.

Autovermietung: Arnold Clark, New Abbey Rd., Tel. 24 71 51.

Fahrradvermietung: Grierson & Graham, 10 Academy St., Tel. 25 94 83.

Die ganze relativ flache Küste runter bis Caerlaverock Castle und bis zum Southerness-Leuchtturm und Rockcliffe ist ideal zum Rad fahren.

 ## Dundee

Lage: F 7
Vorwahl: 01382
Einwohner: ca. 170 000

Wenn man von der Halbinsel Fife kommt, schweift der Blick über den Tay mit seiner Auto- und Eisenbahnbrücke bis hinauf zum 174 m hohen Vulkankegel The Law, der das Meer aus Hafenkais, Fabrikschloten und Häusern bekrönt. Manch einer lässt die Industriestadt, deren große Zeit das 19. Jh. war, links liegen. Zu Unrecht.

 ›Discovery‹: Discovery Quay, April–Okt. Mo–Sa 10–17, So 11–17 Uhr, Nov.–März bis 16 Uhr.

Zu besichtigender Dreimaster, mit dem Robert Falcon Scott 1912 zu seiner berühmten Antarktis-Expedition aufbrach.

›HMS Unicorn‹: Victoria Dock, März–Okt. tgl. 10–17 Uhr, Nov.–Feb. Mo–Fr 10–16 Uhr.

Großbritanniens ältestes noch schwimmendes Kriegsschiff; die freundlichen pensionierten Seeleute erzählen Histörchen.

Howff Burial Ground: Meadowside. Schöner alter Friedhof.

 McManus Galleries: Albert Sq., Mo–Sa 10–17, So 12.30–16 Uhr.

Archäologie, viktorianische Gemäldeschinken, Dundees Goldenes Zeitalter, Dokumente zum Tay-Brücken-Unglück von 1879.

Verdant Works: 27 West Henderson´s Wynd, April–Okt. tgl. 10–17, Nov.–März bis 16 Uhr. Jutefabrik des 19. Jh., heute ein Textilmuseum.

 Entlang der Küste kommt man zum netten Hafen- und Badeort **Broughty Ferry** und weiter nach **Arbroath** mit einer der historisch bedeutendsten mittelalterlichen Abteiruinen.

 Tourist Information: 21 Castle St., Tel. 52 75 27. Verschiedene Stadtführungen, z. B. die ›Ghost Walks‹ im Sommer.

 Strathdon Guest House: 277 Perth Rd. (am westlichen Stadtrand), Tel./Fax 66 56 48, günstig.

Exzellentes Preis-Leistungs-Verhältnis in diesem intimen edwardianischen Familienhotel; mit Restaurant.

Shaftesbury Hotel: 1 Hyndford St., Tel. 66 92 16, Fax 64 15 98, moderat.

Die ehemalige Villa eines Jutebarons ist in ein hübsches, zweckmäßiges Hotel umgebaut worden.

Old Mansion House: Auchterhouse (15 km nordwestlich), Tel. 32 03 66, Fax 32 04 00, teuer.

Luxuriöse, großzügige Zimmer in einem Landhaus des 16. Jh. Mit vielen historischen Assoziationen; gut auch zum Essen (teuer).

 The Ship Inn: Broughty Ferry, 121 Fisher St., Tel. 77 91 76, günstig.

Preisgünstiges Essen als *pub grub* oder im Restaurant mit Blick auf den Tay; eine Institution.

Raffles: 18 Perth Rd.,
Tel. 22 63 44, moderat.
Akzeptable Küche in trendy Bistro.

 Fisherman's Tavern:
12 Fort St., Broughty Ferry.
Mercantile Bar: 100–108 Commercial St.
Taybridge Bar: 129 Perth Rd.

 Dundee Rep Theatre:
Tay Square, Tel. 22 35 30.
In preisgekröntem Gebäude 1999
neu eröffnet.
Kulturzentrum: Dundee Contemporary Arts, 152 Nethergate, Di-So 10.30-17.30, Do/Fr
bis 20 Uhr. Ganz neu: Ausstellungen, Kunsthandwerk, Café, Kino.

 Flughafen: Regionalflughafen Dundee Airport, Riverside Dr., Tel. 64 32 42, 2 km
südlich des Zentrums.
Flüge nach Inverness, Aberdeen.
Bahn: Taybridge Station, South
Union St., Tel. 08457/48 49 50.
Bus: ›City Tour‹, im Sommer
10–17 Uhr ab Crichton St., Nähe
Tourist Office: Man kann an allen
Sehenswürdigkeiten beliebig zu-
und aussteigen.
Autovermietung: Arnold Clark,
5 East Dock St., Tel. 22 53 82.

Edinburgh

Lage: E/F 9
Vorwahl: 0131
Einwohner: ca. 450 000

Schottlands kulturelles, wirtschaftliches und politisches Zentrum ist
mit den zahlreichen Sehenswürdigkeiten und Museen, den
gemütlichen Pubs und der weiten
Sicht auf Berge und Meer eine der
schönsten Städte Europas. Man
kann (fast) alles zu Fuß erreichen.

Ocean Terminal, Leith

Vom Stararchitekten Sir Terence Conran erbaut, bietet der gläserne Einkaufs-Erlebnis-Tempel gehobenes Shopping, Restaurants und Cafes. Hier legen Kreuzfahrtschiffe an, die königliche Yacht ›Britannia‹ liegt vor Anker.

Das touristisch interessante Edinburgh zerfällt in zwei Viertel: die
mittelalterlich anmutende Altstadt
um die Royal Mile, um die sich
gruselig-finstere Geschichten ranken, und die großzügige, elegante
georgianische Neustadt, die im
18. Jh. entstand, dem Goldenen
Zeitalter der Aufklärung. Eine
Stadt mit zwei Gesichtern wie Stevensons Dr. Jekyll und Mr. Hyde.

Holyrood Palace: Canongate, am Fuß der Royal Mile,
April–Okt. Mo–Sa 9.30–17.15, So
10.30–16.30 (letzter Einlass), Nov.–
März Mo–Sa 9.30–15.45 Uhr.
Hier musste Maria Stuart zusehen,
wie David Rizzio von 57 Dolchstichen durchbohrt wurde. Heute
wohnt, wenn sie im Norden ihres
Reiches weilt, Ihre Majestät Elizabeth II. in dem prachtvollen barock-klassizistischen Königspalast.
Dynamic Earth: April–Okt. tgl. 10–
18, Nov.–März Mi–So 10–17 Uhr.
Die mit neuester Technologie aufwartende Megaattraktion unter
dem futuristischen Zeltdach verspricht: Die Entstehung der Welt
in einem Tag! Kindertauglich.

Royal Mile: Edinburghs berühmte Flaniermeile mit Canongate, High Street, Lawnmarket, Castlehill; sie führt von Holyrood Palace zur Burg hoch. Gesäumt von hohen, schönen alten Häusern mit Hinterhöfen und pittoresken Gassen, den *closes*, Pubs und Andenkenläden. In der **Assembly Hall** aus dem 19. Jh. tagt das schottische Regionalparlament, bevor es in ein von E. Miralles errichtetes Gebäude beim Holyrood Palace umziehen wird.

John Knox House: 45 High St., Mo–Sa 10–17, Juli/Aug. auch So 12–17 Uhr.
Mit Museum; Todeshaus des berühmt-berüchtigten Reformators.

Parliament House: Parliament Sq., Di–Fr 10–16 Uhr.
Einstiges schottisches Parlament.

Gladstone's Land: 477B Lawnmarket, April–Okt. Mo–Sa 10–17, So 14–17 Uhr.
Original eingerichtetes Kaufmannshaus aus dem 17. Jh.

St. Giles Cathedral: High St., Okt.–Ostern Mo–Sa 9–17, So 13–17 Uhr, Ostern–Sept. Mo–Fr 9–19, Sa 9–17, So 13–17 Uhr.
Die Hauptkirche (15. Jh.) der schottischen Kirk mit oft imitiertem kronenförmigem Turmhelm und zahlreichen Grabdenkmälern bedeutender Persönlichkeiten.

Edinburgh Castle: Castlehill, am Ende der Royal Mile, April–Okt. 9.30–17.15 Uhr (letzter Einlass), Nov.–März 9.30–16.15 Uhr.
Trutzige Mauern und Bastionen, von denen man eine schöne Aussicht hat. Im Inneren kann man die mittelalterliche St. Margaret's Chapel, die schottischen Kronjuwelen und den 1996 zurück erstatteten Stone of Scone, die jüngst restaurierte Laich Hall, die Große Halle und ein Militärmuseum besichtigen.

Grassmarket: Am ehemals hier postierten Galgen baumelten Verbrecher wie die Mörder und Leichenräuber Burke und Hare oder Hexenmeister wie Thomas Weir. Heute säumen den Markt und die zu ihm hinunterführende Victoria Street Pubs, ethnische Restaurants und Krimskramsläden.

Greyfriars Church und Kirchhof: Candlemaker Row. Idyllisch-melancholischer Ort mit vielen grauen alten Grabmälern; hier soll auch der treue Hund Greyfriars Bobby neben seinem Herrchen begraben liegen.

Calton Hill: Den im 19. Jh. von William Henry Playfair auf diesem Hügel errichteten Gebäuden im griechischen Stil verdankt Edinburgh den Beinamen ›Athen des Nordens‹. Vom Nelson Monument fantastischer Blick auf die Stadt (April–Sept. Mo 13–18, Di–Sa 10–18, Okt.–März Mo–Sa 10–15 Uhr).

Scott Monument: East Princes Street Gardens, tgl. 10–18, Nov.–Febr. 10–16, Juni–Sept. Mo–Sa 9–20, So 10–18 Uhr.
Schöner Ausblick vom neogotischen Denkmal für Schottlands Schriftsteller Sir Walter Scott.

Princes Street: Im 18. Jh. im Zuge des Neustadtausbaus angelegte Hauptgeschäftsstraße; auf der linken, unbebauten Seite die erholsamen Princes Street Gardens.

St. Andrew's Square: Mit diesem Platz begann 1767 der Bau der georgianischen Neustadt.

Charlotte Square: Das Herz der Neustadt, Meisterstück des Architektengenies Robert Adam. No. 7, das **Georgian House,** lädt zu einer Zeitreise ins Leben der betuchten Bewohner ein (April– Okt. Mo–Sa 10–17, So 14–17 Uhr).

🏛 **Öffnungszeiten** der Edinburgher Museen: Mo–Sa 10–17, So 12–17 Uhr.
Museum of Scotland/Royal

Königliches Edinburgh: Royal Mile und St. Giles Cathedral

Museum of Scotland: Chambers St., zusätzlich Di bis 20 Uhr. Neben der umfassenden Sammlung (Ägypten, Ferner Osten, Naturalia, Waffen u. v. m.) im altehrwürdigen Royal Museum führt das brandneue Museum of Scotland auch in Schottlands Geschichte ein; empfehlenswertes, ultra-modernes Tower Restaurant, Tel 225 30 03. **National Gallery:** The Mound. Eine von Schottlands bedeutendsten Gemäldegalerien mit internationalen und schottischen Malern.

The following is the map content with its labels:

Botanischer Garten, Ashlyn Guest House

STOCKBRIDGE

Comely Bank Av.

Dundas Street

Drummond Place

St. Stephen St.

Cumberland Street

Great King Street

Dublin Street

Queensferry Road

St. Bernard's Cr.

St. Bernard's Guest House

Ann St.

Royal Circus

North umberland Street

Abercromby Place

Amber

Gardens

Doune Terrace

India St.

Moray Place

Heriot Row

National Portrait Gallery

DEAN VILLAGE

Ainslie Place

Queen Street

Young St.

Hill St.

Thistle St.

Jenners

Scott Monument

Georgian House

Scottish National Gallery of Modern Art

Belford Hostel

Randolph Cr.

Charlotte Square

George Street

Rose Street

East Princes Street Gardens

WEST END

Queensferry St.

Melville St.

Princes Street

West Princes Street Gardens

National Gallery

N. Bank St.

Market

Dean Gallery

Palmerston Pl.

Manor Place

Coates Cr.

Shandwick Pl.

Lothian Road

Edinburgh Castle

Gladstone's Land

Castlehill

Esplanade

Lawn market

The Hub

Eglington Youth Hostel

Grosvenor Cr.

Landsdowne Cr.

West Maitland St.

Athol Cr.

King's Stables

Johnston Terrace

Candle maker Row

Grassmarket

Traverse Theatre

Cambridge St.

Festival Square

Grindlay St.

West Port

Greyfriars Church

Zoo, Corstorphine, Beverly Hotel

Haymarket Terr.

Morrison Street

HAYMARKET

Lauriston Place

Earl Grey St.

Tollcross

FOUNTAINBRIDGE

Fountainbridge

Home St.

King's Theatre

Leven St.

Melville Drive

Edinburgh

0   500   1000 m

Bruntsfield Youth Hostel

Scottish National Portrait Gallery: Queen St.
Porträts und Andenken von Maria Stuart bis Sean Connery.
Scottish National Gallery of Modern Art: Belford Rd.
Galerie moderner Kunst: Alles, was Rang und Namen hat, Schwerpunkt britisch-schottische Künstler.
Dean Gallery: Belford Rd.
In dem spannenden klassizistisch-postmodernen Bau werden Werke Eduardo Paolozzis und der Surrealisten gezeigt – unbedingt hin!

 Zoo: Corstorphine Rd., am westlichen Stadtrand, April–Sept. 9–18 Uhr, Okt.–März 9–16.30 Uhr. Bestaunenswerte Pinguinparade um 14 Uhr.
Am nördlichen Stadtrand kann man sich bei einem Spaziergang durch den weltberühmten **Botanischen Garten** erholen (Inverleith Row, 9.30–17 Uhr, im Sommer länger).
Im Hafenvorort **Leith,** der seit den letzten Jahren ›in‹ ist, kann man gut essen und trinken. Im Hafen

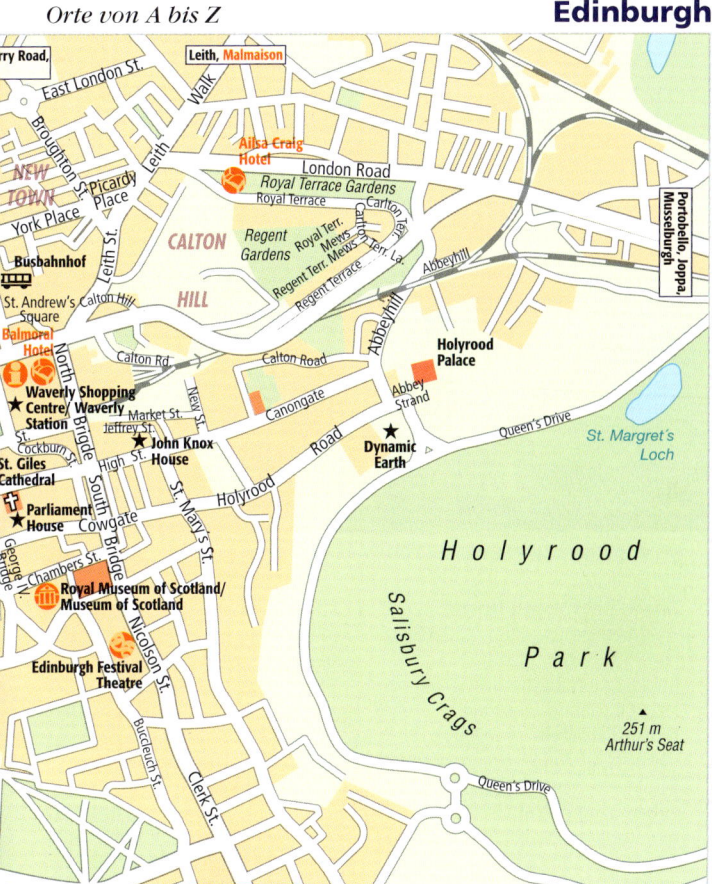

ist die ehemals königliche **Jacht Britannia** mit Visitor Centre zu besichtigen – für alle Fans von Elizabeths I. *stiff upper lip* (tgl. 10–18, letzter Einlass 16.30 Uhr).

Ein Tagesausflug führt rund um den Firth of Forth: zu dem hochherrschaftlichen **Hopetoun House** (E 8, Ostern–Sept. 10–17.30 Uhr), den Ruinen des Renaissance-Königspalastes von **Linlithgow** (E 9), dem hübschen **Culross** (E 8) mit seinem aus dem 17. Jh. stammenden Stadtbild und der romani-

schen **Abtei von Dunfermline** (E 8), wo der große Bruce begraben liegt (Stand., Okt.–März Do nachmittags/Fr geschl.).

Tourist Information:
3 Princes St. (über Princes Mall Einkaufszentrum), Tel. 473 38 00, Fax 473 38 81, www.edinburgh.org.

Eglington Youth Hostel:
18 Eglington Cr., Tel. 337 11 20, Fax 313 20 53, günstig.

43

»Galoppierende Pferde« zu Füßen von Edinburgh Castle

Bruntsfield Youth Hostel:
7 Bruntsfield Cr., Tel. 447 29 94,
Fax 452 85 88, günstig.
Beide Jugendherbergen 2 Sterne,
letztere soeben renoviert.
Belford Hostel: 6/8 Douglas Gardens, Tel. 0800/096 68 68, günstig.
Schlafsäle in alter Kirche.
Ailsa Craig Hotel: 24 Royal Terr.
(am Calton Hill), Tel. 556 60 55
10 22, Fax 556 60 55, moderat.
An einer der schönsten georgianischen Straßen der Stadt; geschmackvoll eingerichtete Zimmer
(bestellen Sie eines mit Parkblick).
Ashlyn Guest House:
42 Inverleith Row,
Tel./Fax 552 29 54, moderat.
Luxuriös und liebevoll eingerichtetes georgianisches Haus am Botanischen Garten; sehr beliebt.
Beverley Hotel: 40 Murrayfield
Ave., Tel. 337 11 28, Fax
313 32 75, moderat.
Privat geführtes Hotel in ruhiger
Wohnsiedlung; Parkmöglichkeit.
St. Bernard's Guest House:
22 St. Bernard's Cr., Tel. 332
23 39, Fax 332 88 42, moderat.

Im schicken Stadtteil Stockbridge
mit seinen vielen Antiquitätenläden; zweckmäßige Zimmer.
Viele weitere **B & B** findet man
z. B. an der Ferry Road nördlich
des Botanischen Gartens.
Northumberland Hotel: 31/33
Craigmillar Park, Tel. 668 31 31,
Fax 667 55 55, moderat bis teuer.
Zwei wunderschöne georgianische Neustadthäuser, 10 Min. mit
dem Bus vom Zentrum entfernt.
So beliebt, dass man am besten
Wochen im Voraus bestellt!
Southside: 8 Newington Road,
Tel. 668 44 22, Fax 667 77 71,
moderat bis teuer.
Geschmackvoll mit Designakzenten versehenes viktorianisches Haus.
Malmaison: Tower Pl., Leith, Tel.
468 50 00, Fax 468 50 02, teuer.
Ehemaliges viktorianisches Seefahrerheim mit Flair und schönen
Blicken über heruntergekommene
Hafengebiete und schick sanierte
Häuserreihen in Leith. Inneneinrichtung im Designerstil der
1990er Jahre mit historischen Elementen und witzigen Zitaten aus

der Ära Napoleons. Preiswerte, empfehlenswerte Brasserie.

Balmoral: 1 Princes St., Tel. 556 24 14, Fax 557 37 47, Luxus.

Das frühere North British Hotel, schon vom Namen her ein Affront für jeden Schotten, hat 1991 – luxuriös – renoviert wieder eröffnet. Einen erschwinglichen Einblick in den Luxus bekommt, wer im Palmencafé einen Tee oder in einer der Bars einen Whisky nimmt.

Dubh Prais: 123B High St., Tel. 557 57 32, moderat.
Gemütlicher, informeller ›Keller‹ an der Royal Mile.

The Shore: 3/4 Shore, Leith, Tel. 553 50 80, moderat.
Im gemütlichen Nebenzimmer des immer vollen Pubs mit Live-Musik trifft sich ein junges Publikum zu köstlichen Seafood-Kreationen; im Voraus bestellen.

Atrium/Blue Bar Café:
10 Cambridge St., Tel. 228 88 82, 221 12 22, teuer bis moderat.
Die beiden Restaurants im Traverse Theatre, das erste mit exquisitem, das zweite mit kühl-minimalistischem Design, bieten Edinburghs zur Zeit beste Küche.

Bouzy Rouge: 1 Alva St., Tel. 225 95 94, moderat.
Verrückt eingerichtetes Basementlokal, moderne schottische Küche.

No 27 Charlotte Square:
27 Charlotte Sq., Tel 243 93 39, moderat.
Vom Frühstück zum Gourmetdinner in den georgianischen Räumen des National Trust: Erlebnisessen.

36: 36 Great King St., Tel. 556 36 36, Luxus.
Göttliche neuschottische Küche mit viel fernöstlichem Touch in perfekt gestyltem Basement des georgianischen Howard Hotel.

Laigh Kitchen: 117A Hanover St.
Der *tea room* ist eine Institution.

Gute **Cafeterias,** auch für Snacks am Mittag, gibt es im Botanischen Garten, der Gallery of Modern Art, der National Portrait Gallery und St. Giles.

Fish'n Chips: The Rapido, 77 Broughton St.; **Deep Sea,** Leith Walk gegenüber Playhouse Theatre.

Im viktorianischen, alteingesessenen Kaufhaus **Jenners** und drumherum an der **Princes St.** kauft man traditionell bis gediegen, an der **George St.** hipper, in Livingstons neuem McArthurGlen im **Ocean Terminal** (s. S. 39) in Leith im Designer-Hype ein.

Trödel und Antiquitäten kauft man in **Byzantium,** 9 Victoria St., einer ehemaligen Kirche, sowie um den **Grassmarket,** wo während des Festivals ein Straßenmarkt stattfindet, oder in *trendy* Stockbridge, vor allem an der St. Stephen St.

Auf dem Military Tattoo

Werbung fürs Fringe Festival

 Café Royal: 17 West Register St., moderat.
Seit über 100 Jahren Treffpunkt von Künstlern; man isst in prächtig-plüschiger Atmosphäre.
The King's Wark: 36 The Shore, Leith. Gemütlich, gutes Essen.
Waterfront Wine Bar: 1C Dock Pl., Leith, Tel. 554 74 27, moderat. Eine Institution. Tolle Weinkarte; schmackhafte, preiswerte Speisen in studentischer Atmosphäre.
Edinburghs berühmte **Pubs** konzentrieren sich im West End unterhalb des Charlotte Sq., an der hippen George St. und am folkloristischeren Grassmarket, wo 2001 der **National Dance Centre for Scotland** eröffnet werden soll.
The Abbotsford: 3 Rose St. Schöne alte Einrichtung, Restaurant.
Fiddler's Arms: 9 Grassmarket. Folk-Musik, unverfälschtes Klima.
The Subway: 69 Cowgate. Höhlenartiger Club mit Livemusik und Disko, viel Retro und Rock.

The Hub, die witzig-künstlerisch umgestaltete neogotische Tolbooth St. John-Kirche, ist das neue Hauptquartier des Edinburgh International Festival, gutem, preiswertem Café/Restaurant, Konzertsaal u. v. m.: 348 Castlehill, Tel. 473 20 01, Fax 473 20 02, E-Mail: thehub@eif.co.uk.
Karten fürs Fringe Festival: 180 High St., Tel. 226 52 57, Fax 220 42 05; fürs Military Tattoo: Ticket Centre, 33–34 Market St., Tel. 225 11 88, Fax 225 86 27, www.edintattoo.co.uk.
Edinburgh Festival Theatre: 13/29 Nicolson St., Tel. 529 60 00. Größtes und modernstes schottisches Theater; Architekt Colin Ross hat ein altes edwardianisches Theater inkorporiert.
King's Theatre: 2 Leven St., Tel. 529 60 00. Eine neobarocke Symphonie in Gold und Purpur.
Traverse Theatre: 10 Cambridge St., Tel. 228 14 04.
Experimentelle, moderne Stücke.
Feste: Dez./Jan.: **Hogmanay** (s. S. 14, Tel. 557 39 90); April: **Folk und Science Festival;** Juni: **Royal Highland Agricultural Show;** Aug.: **Edinburgh International Festival** (s. o. und S. 15); **Book Festival,** Charlotte Square, alle zwei Jahre, das nächste ist 2003.

Flughafen: Ingliston International Airport, Tel. 333 10 00, 11 km westlich. Halbstündlich Busse von/nach Waverley Station; Taxi zur City etwa 12 £. Alle großen Autovermietungen haben eine Niederlassung.
Bahn: Hauptbahnhof Waverley Station, Infos Tel. 08457/48 49 50. Intercity-Züge von Londons King's Cross (4 Std.). Verbindungen in zahlreiche englische und schottische Städte, auch mit Schlafwagen, z. B. Inverness, Fort William.

Bus: Hauptbusbahnhof St. Andrew's Sq., New Town. Innerstädtische Linien: Lothian Buses, Waverley Bridge Travelshop, Tel. 555 63 63.

Autovermietung: Arnold Clark, Tollcross, Tel. 228 47 47.

Stadtbesichtigung: Klassische Stadtrundfahrt mit oben offenen Bussen der Lothian Buses, Start täglich etwa alle 15 Min. ab Waverley Bridge, man kann an allen Stationen aus- und zusteigen. Machen Sie eine nächtliche ›Ghost Tour‹ zu schauerlichen Stätten von Spuk und blutigen Mordtaten, für die Edinburgh so berühmt ist (›Witchery Tours‹, Tel. 225 67 45). Oder eine literarische Pub-Tour, Treffpunkt Beehive Inn, Grassmarket, Tel. 226 66 65.

Elgin

Lage: E 4
Vorwahl: 01343
Einwohner: ca. 16 000

Das Städtchen in ein günstiger Ausgangspunkt für den **Malt Whisky Trail** (s. Extra-Tour 1, S. 84f.).

 Kathedralruine: North College St., Okt.–März Do nachmittag/Fr geschl. Die ›Leuchte des Nordens‹, 1390 vom ›Wolf von Badenoch‹ in Schutt und Asche gelegt.

 Naturkundemuseum: 1 High St., April–Okt. Mo–Fr 10–17, Sa 11–16, So 14–17 Uhr, sonst Tel. 54 36 75. Preisgekröntes Museum, Glanzstück: piktische *burghhead bulls*.

 Ausflüge an der Küste entlang führen in den georgianischen Kurort **Banff** (F 4), zu

William Adams **Duff House** zwischen Banff und Macduff und in Fischerörtchen, die sich unter die Klippen ducken: **Gardenstown, Crovie** und **Pennan.**

Tourist Information: 17 High St., Tel. 54 26 66.

The Lodge Guest House: 20 Duff Ave., Tel. 54 99 81, Fax 54 05 27;

Mrs. C. C. Ann Cartmell: The Croft, Institution Rd., Tel./Fax 54 60 04, beide günstig. Zwei reizende, komfortable private Pensionen in historischen Häusern; Zimmer großteils *ensuite*.

Mansefield House Hotel: Mayne Rd., Tel. 54 08 83, Fax 55 24 91, teuer. Elegantes georgianisches Stadthaus mit teurem, guten Restaurant und dezentem Luxus.

Falkland

Lage: F 8
Vorwahl: 01337
Einwohner: ca. 900

Der heimelige Ort besitzt den vielleicht schönsten **Renaissance-Königspalast** Schottlands, der teilweise wieder aufgebaut und eingerichtet wurde. Im Park liegt der Welt ältester Real Tennis Court von 1539, der noch bespielt wird.

Falkland Palace: Palast und Gärten April–Okt. Mo–Sa 11 (Juni–Aug. 10)–17.30, So 13.30–17.30 Uhr. In den prunkvollen Gemächern lassen sich Tafelfreuden und Luxus der Maria-Stuart-Zeit erahnen.

Mit einem Bötchen setzt man vom Kinross Pier zur

Mountain Bike Track

Neu angelegt ist der 650 m lange Parcours für Mountain Bikes am Nevis Range. Steil geht's nach Benutzung der Gondel über Heide, Bäche und Fels bergrunter (Mai–Sept. tgl. 11–15 Uhr, Tel. 70 58 25, www.nevis-range.co.uk).

Tower-House-Ruine **Leven Castle** im Loch Leven über, wo Maria Stuart gefangen gehalten wurde.

 Kind Kyttock's Kitchen: Cross Wynd, günstig. *Tea room*, legendäre *home bakery*.

Fort Augustus

Lage: C 5
Extra-Tour 5: S. 92f.
Vorwahl: 01320
Einwohner: ca. 600

Tourist Information: Car Park, Tel. 36 63 67.

Lovat Arms Hotel: zwizwischen Fort Augustus und Fort William an der A 82, Tel. 36 62 06, Fax 36 66 77, moderat.
Angenehm altmodischer Landgasthof; gute Landhausküche.

Lock Inn: am Caledonian Canal. Beliebter, traditioneller Pub mit *grub* und Live-Musik.

Fort William

Lage: C 6
Extra-Tour 5: S. 92f.
Vorwahl: 01397
Einwohner: knapp 5000

Fort William ist das Zentrum des Abenteuersports. In Nevis Range am Fuß des Ben Nevis kommen Skifahrer, Kletterer und Off-Road-Biker auf ihre Kosten. Beim Abenteuersport-Anbieter Active Highs kann man auch Tandemflüge im Paraglider über die atemberaubende Bergwelt buchen (Tel. 71 21 88).

 **Road to the Isles:**
So heißen die ca. 75 km auf der A 830 von Banavie bis Mallaig, weil von dort die Fähren zu den so genannten Kleinen Inseln Rhum, Eigg, Canna und Muck sowie nach Skye abfahren. Die berühmte Aussichtsstrecke, eine der schönsten Schottlands, kommt an der hohen Säule des **Glenfinnan Monument** vorbei, eines Denkmals für die jakobitische Erhebung von 1745 mit Besucherzentrum (tgl. April/Mai und Sept./Okt. 10–17, Mai–Aug. 9.30–18 Uhr). Weiter geht es am grandiosen Loch Eilt entlang und zu den **Silver Sands of Morar,** Badebuchten zwischen dem beschaulichen Arisaig und dem Fischerort Mallaig.
Für Einsamkeitsfanatiker empfiehlt sich eine Fahrt durch das raue **Moidart** (B 6) auf die nicht minder raue **Ardnamurchan**-Halbinsel. Das neu eröffnete Besucherzentrum im Leuchtturm am Ardnamurchan Point (A 6) führt in die Geschichte und Technik der schottischen Leuchttürme ein (April–Okt. tgl. 10–17 Uhr).

 Tourist Information: Cameron Sq., Tel. 70 37 81.

Ein prämierter Zuchtbock kann über 50 000 Pfund kosten

 Glen Nevis Youth Hostel: am Fuß des Ben Nevis, Tel. 70 23 36, günstig; 2 Sterne; idealer Wanderausgangspunkt.

Rhu Mhor Guest House: Alma Rd., Tel. 70 22 13, günstig. Schöne Villa; sieben Zimmer mit Etagenduschen.

Crolinnhe Guest House: Grange Rd., Tel. 70 27 09, Fax 70 05 06, moderat. Dito. Schöner Garten. Die neoviktorianische Einrichtung in Rosa und Rüschen ist angenehm betulich; herzlicher Empfang und ein abwechslungsreiches Frühstück.

The Old Library Lodge and Restaurant: High St., Arisaig, Tel. 016 87/45 06 51, Fax 45 02 19, teuer. Steinhaus am Meer mit Blick auf die Hebriden (auch von Zimmerbalkonen); köstliches *seafood* im Restaurant (mittags moderat, abends teuer) – etwas Besonderes.

An Crann: Seangan Bridge, Banavie, Tel. 77 20 77, moderat.

In renovierter alter Scheune; tagsüber Suppen, Salate und hausgemachte Backwaren, abends inspirierte gutbürgerliche Küche.

Crannog: Town Pier, Tel. 70 55 89, moderat. ›Mutterhaus‹ der Seafood-Kette (s. S. 16) an der Uferpromenade.

Arisaig Hotel: in Arisaig. Gute Whisky-Auswahl.

Feste: Anfang September findet das berühmte **Ben-Nevis-Bergrennen** statt.

Bus/Bahn: Bahnhof Belford Rd., Tel. 08457/ 48 49 50. Eine Fahrt mit der ›West Highland Line‹ bis Mallaig – die ›Road to the Isles‹ auf Schienen; Juni–Sept. wird auf der Strecke eine Dampflok, ›The Jacobite‹, eingesetzt (Tel. 01524/73 21 00).

Schiff: ›Seal Cruises‹, Town Pier, Tel. 70 55 89, April–Sept. Bootstour mit der ›Souter's Lass‹ zu Seehundbänken und Austernfischern.

![Schottlands Schicksalstal: Glencoe]

Schottlands Schicksalstal: Glencoe

Gairloch

Lage: B 4
Vorwahl: 01445
Einwohner: ca. 300

Nördlich, karg und sympathisch liegt das Örtchen in einer von Schottlands schönsten, verlassensten Hochlandregionen.

 Inverewe Gardens: Poolewe, 9.30–21, Nov.–März bis 17 Uhr.
Der riesige Garten, für seinen Rhododendron (Blütezeit Mai/Juni) und den Meeresblick be-

rühmt, ist wohl der schönste im Land.

Loch Maree: Am Südufer des Sees gehen von einem Parkplatz markierte Rundwege ins Bergwandererparadies des Torridon-Massivs ab.

 Tourist Information: Auchtercairn, Tel. 712130.

 Rua Reidh Lighthouse: Melvaig, Tel./Fax 77 12 63, günstig.
Jugendherberge und B & B *ensuite* im Leuchtturm 18 km nördlich, mit Verpflegung und Outdoor-Sport.

Little Lodge: North Erradale, an der B 8021 nördlich von Gairloch, Tel. 77 12 37, moderat bis teuer. Die ›kleine Lodge‹ hat drei Zimmer *(ensuite)* in einem weiß getünchten Crofthaus, eigenes Federvieh, einen Küchengarten und leicht alternatives Flair; nur Halbpension für 50–55 £; Dinner für non-residents möglich.

Steading Restaurant: im Gairloch Heritage Museum (Ostern–Okt. Mo–Sa 10–17 Uhr), Tel. 71 24 49, moderat.
Tea room, Mittagssnacks, im Sommer auch Dinner.

The Mountain Restaurant and Lodge: Strath Sq., Tel. 71 23 16, moderat.
Wandererherberge mit einem alternativ-rustikalen Wintergartenbistro; serviert werden schmackhafte, deftige Riesenportionen im Kerzenschein – probieren Sie den Ingwerlikör. Moderne Zimmer.

Glamis Castle

Lage: F 7

In diesem türmchenbewehrten Prachtschloss im Baronialstil wurde die Königinmutter geboren (April–Okt. tgl. 10.30–17.30, Nov. 10.30–16 Uhr). 10 km westlich zeigt das **Museum von Meigle** einige der schönsten Piktensteine des Landes (April–Sept. tgl. 9.30–18.30 Uhr).

Glasgow

Lage: D 9
Vorwahl: 0141
Einwohner: ca. 900 000

Glasgow – Europas Kulturhauptstadt von 1990 und Architekturhauptstadt von 1999 – hat in den letzten Jahren viel Mühe darauf verwandt, sein Negativ-Image einer schmuddeligen Industriestadt abzustreifen. Die Stadt ist wegen der vielen Ateliers, Festivals, Ausstellungen und des neuen Designmuseums als Designzentrum bekannt. Die ehrgeizige Museen- und Kulturszene, das Jugendstilerbe von Charles Rennie Mackintosh und die stolzen, in allen Neo-Baustilen prangenden Bauten der Industriekapitäne des 19. Jh., Glasgows Goldenem Zeitalter, sind eine Reise wert. Boomtown Glasgow zeigt sich momentan am

reinsten am Clyde-Ufer, wo um Science Centre und Clyde Auditorium ein neues Hype-Viertel aus dem Boden gestampft wurde. Wirklich schön ist diese Stadt der Gegensätze, das Nebeneinander von Designerschick und Arbeitslosenelend, tristen Betonblocks und edlen Wohnvierteln nur an ganz wenigen Ecken. Aber wer sich einmal dem geschäftigen Charme von *Swinging Glasgow* geöffnet und die wundervollen Pubs und Restaurants kennen gelernt hat, den wird es immer wieder in Schottlands größte Metropole ziehen.

Botanischer Garten: Eingang 730 Great Western Rd., 7 Uhr bis zur Dämmerung, Kibble Palace 10–16.45 Uhr. Schwerelos wirkende viktorianische Gewächshäuser, vor allem der wundervolle **Kibble Palace.**
City Chambers: George Sq., Tel. 287 20 00, Führungen Mo–Fr 10.30 und 14.30 Uhr. Prunkvolles Stadthaus im Stil der Renaissance, Herz und Paradestück der viktorianischen *merchant city*, der Stadt der Stahl- und Tabakbarone.
The Tall Ship at Glasgow Harbour: 100 Stobcross Rd., tgl. 10–17 Uhr. Im allmählich sanierten Hafen ankert der 1896 gebaute Dreimaster S. V. Glenlee, einer der fünf noch seetüchtigen Clydesegler, neben Restaurant und Ausstellungsräumen im Pumphouse.
George Square: Weiter Platz vor den City Chambers, mit Denkmälern u. a. von Burns, Queen Victoria und Walter Scott.
Glasgow Green: Im weitläufigen Park befindet sich der viktorianische **People's Palace** mit Gewächshaus und Café sowie das

Science Centre

50 Pacific Quay, Di–So 10–17 (Juli/Aug. bis 18) Uhr. 2001 eröffnete das futuristische Mega-Prestigeobjekt: Wissenschaftsmuseum in glänzender Titaniumhülle, im Wind drehbarer Aussichtsturm und Imax-Kino.

Swinging Glasgow: Pub- und Jugendkultur wird groß geschrieben

People's Museum zur Geschichte der Stadt und ihrer Menschen.
House for an Art Lover:
Bellahouston Park, 10 Dumbreck Rd., April–Sept. Sa 10–15, So–Do 10–16, Okt.–März Sa/So 10–16 Uhr, wochentags Tel. 353 47 79. Nach Mackintoshs Plänen jüngst gebaute Privatvilla mit ausführlichen Informationen.
Nekropolis: Auf dem Hügel hinter der Kathedrale liegt die phantastische Gräberstadt der Reichen des 19. Jh. – Schottlands schönster Friedhof ist ein absolutes Muss!
St. Mungo's Cathedral: Castle St., April–Sept. Mo–Sa 9.30–18.30, So 14–18.30 Uhr, Okt.–März Mo–Sa 9.30–13, 14–16, So 14–16 Uhr.
Die schöne gotische Kathedrale ist der Nukleus der Altstadt.

🏛 Glasgower **Museumsöffnungszeiten,** falls nicht anders angegeben: Mo–Do, Sa 10–17, Fr, So 11–17 Uhr.
Burrell Collection: Im Pollok Country Park ein paar Kilometer südlich der Innenstadt. In Qualität und Quantität überwältigende Sammlung des Glasgower Mäzens Sir William Burrell: die Kunst der ganzen Welt.
Gallery of Modern Art: An der Queen Street, in der ehemaligen Börse von 1827, zeigt das Museum für Moderne Kunst eine fantastische Kollektion in edelster Designumgebung; schönes Dachcafé mit Wandgemälden.
Glasgow School of Art:
167 Renfrew St., mit Führung, Mo–Fr 10–17 Uhr, Sa 10–13, So 10–15 Uhr, Tel. 353 45 26.
Die Kunsthochschule wurde von Glasgows großem Jugendstil-Architekten Ch. R. Mackintosh (1868–1928) um 1900 erbaut.
Hampden – Scotland's National Stadium: Hampden Park, Mo–Sa 10–17, So 11–17 Uhr. 2000 eröffnetes Fußballmuseum im renovierten National Stadium.
Hunterian Art Gallery:
Hillhead St., Mo–Sa 9.30–17 Uhr. Hervorragende Gemäldesammlung sowie **Mackintosh House,**

Glasgow

Orte von A bis Z

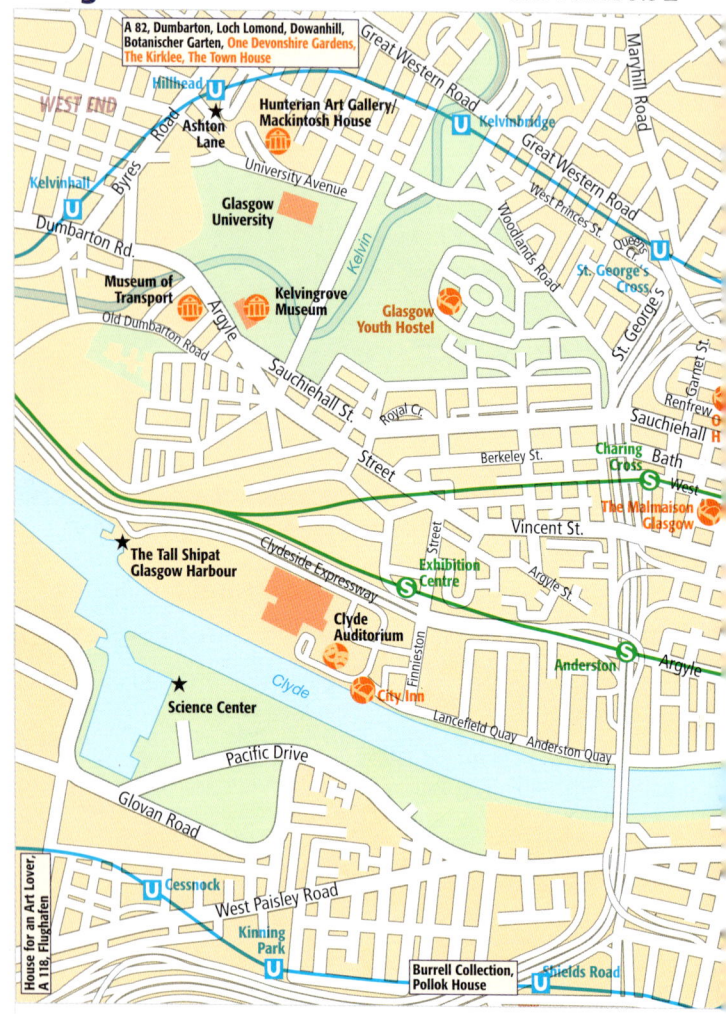

A 82, Dumbarton, Loch Lomond, Dowanhill,
Botanischer Garten, One Devonshire Gardens,
The Kirklee, The Town House

WEST END

Hillhead

Ashton Lane

Kelvinhall

Dumbarton Rd.

Byres Road

University Avenue

Hunterian Art Gallery/
Mackintosh House

Kelvinbridge

Great Western Road

Great Western Road

West Princes St.

Woodlands Road

Queen's Cr.

St. George's Cross

St. George's

Manhill Road

Glasgow University

Kelvin

Museum of Transport

Old Dumbarton Road

Argyle Road

Kelvingrove Museum

Glasgow Youth Hostel

Sauchiehall St.

Royal Cr.

Sauchiehall Street

Berkeley St.

Garnet St.

Renfrew

Charing Cross

Bath

West

The Malmaison Glasgow

Vincent St.

The Tall Shipat Glasgow Harbour

Clydeside Expressway

Exhibition Centre

Argyle St.

Anderston

Argyle

Clyde Auditorium

Finnieston

Street

Clyde

Science Center

City Inn

Lancefield Quay

Anderston Quay

Pacific Drive

Glovan Road

House for an Art Lover,
A 118, Flughafen

Cessnock

West Paisley Road

Kinning Park

Burrell Collection,
Pollok House

Shields Road

---

eine Rekonstruktion des Wohnhauses von Charles Rennie Mackintosh – ein Muss!

Kelvingrove Museum:
Argyle St.
Ein Riesenmuseum in schlossähnlichem Bau: Archäologie, Natur- und Völkerkunde, schottische Geschichte, Gemälde u. v. m.

The Lighthouse: 11 Mitchell Lane, Mo, Mi, Fr, Sa 10.30–18, Di 11–18, Do 10.30–19.30, So 12–17 Uhr.
Synthese aus einem Mackintosh-Gebäude und einer postmodernen Glaskonstruktion; spannendes Designmuseum und interaktives Mackintosh-Zentrum.

The Piping Centre: 30–34 McPhater St., tgl. 9.30–16.30 Uhr. Im Museum zur Geschichte des Dudelsacks gibt's historische Stü-

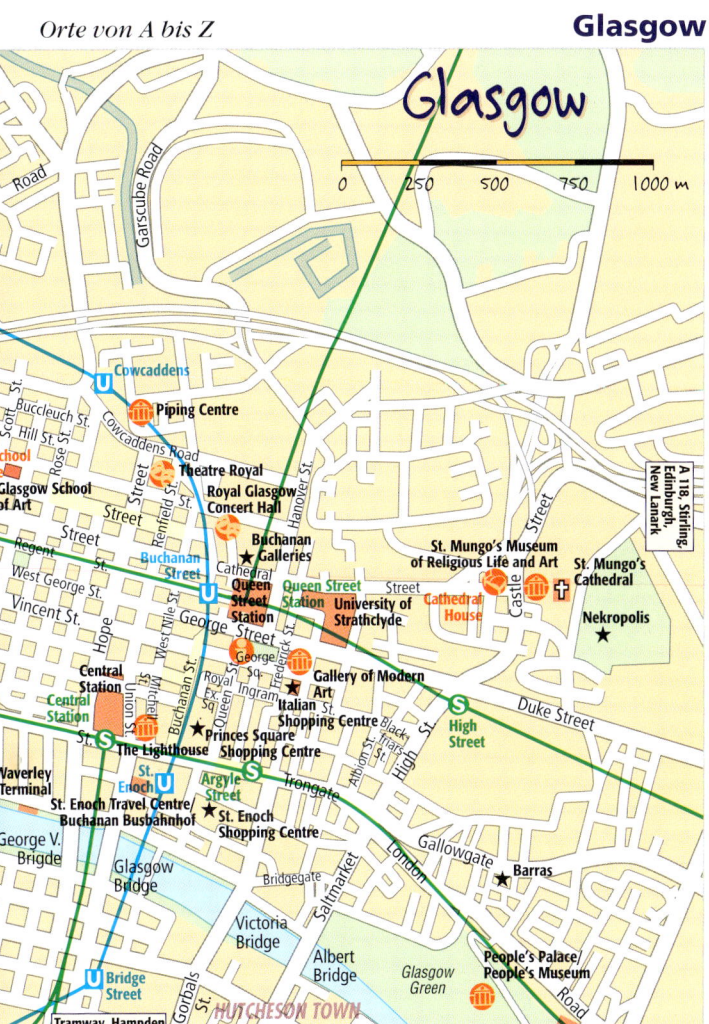

cke und audiovisuelle Infos zu Schottlands Nationalinstrument; Geschäft, dazu postmodernes Hotel mit Brasserie, Piper-Verleih.
Museum of Transport: Bunhouse Rd. Eine interessante Schau der guten alten Glasgower Straßenbahnen, Schiffe, Autos etc.
Pollok House: im Pollok Country Park, April–Okt. 10–17, Nov.–März 11–16 Uhr.

In dem hübschen georgianischen Herrenhaus wird die Sammlung eines anderen Mäzens, Sir William Stirling Maxwell, gezeigt; hauptsächlich sind alte spanische Meister zu bestaunen.
St. Mungo's Museum of Religious Life and Art:
Castle St., neben der Kathedrale. Das Museum der Weltreligionen ist weltweit das Einzige dieser Art: Es

zeigt gleichberechtigt Exponate zu den sechs Weltreligionen.

 Der klassische Sonntagsausflug der Glaswegians ging und geht *doon the watter* auf dem Raddampfer ›PS Waverley‹ durch reizvolle Landschaft den Clyde hinunter. Im Norden warten die in einem Volkslied besungenen *bonnie banks of Loch Lomond* (D 8), Schottlands größten See.

Ca. 45 km südöstlich der Stadt liegt **New Lanark** (E 9) mit einer Baumwollfabrik und angegliederter Arbeitersiedlung, wo der Sozialreformer Robert Owen (1739–1806) in einer Modellsiedlung seine humanitären Konzepte verwirklichte. Ein Muss für jede englische Schulklasse und ein wenig Disneyland-Atmosphäre (tgl. 11–17 Uhr); von hier aus kann man zu den schönen **Clyde Falls** spazieren.

Tourist Information: 11 George Sq., Tel. 204 44 00, www.seeglasgow.com.

Glasgow Youth Hostel: 7/8 Park Terr., Zentrumsnähe, Tel. 332 30 04, günstig. 3 Sterne; in viktorianischer Häuserzeile.

Mehrere **Universitätswohnheime** bieten in den Semesterferien (Ostern, Juli–Sept.) Einzel/Doppelzimmer für Selbstversorger: University of Glasgow Tel. 0800/027 20 30, Fax 330 53 85 und University of Strathclyde Tel. 553 41 48, Fax 553 41 49, günstig.

The Kirklee: 11 Kensington Gate, Tel. 334 55 55, Fax 339 38 28, moderat. In den ruhigen, gutbürgerlichen Wohnvierteln mit viel viktorianischer Bausubstanz am **West End** wohnt es sich in Glasgow am schönsten wie in dieser sandsteinroten Reihenhausvilla.

The Old School House: 194 Renfrew St., Tel. 332 7600, Fax 332 8684, moderat. Hübsche *ensuite*-Zimmer in einem georgianischen Haus.

The Town House: 4 Hughenden Terr., ruhige Wohnstraße an der Great Western Rd., Tel. 357 08 62, Fax 339 96 05, moderat. Freundliche Familienpension nahe dem nachtaktiven West End. Genießen Sie den Garten und das preisgünstige, leckere Abendessen.

Cathedral House: 28/32 Cathedral Sq., Tel. 552 35 19, Fax 552 24 44, moderat bis teuer. Geschmackvoll renoviertes viktorianisches Haus mit Türmchen und Erkerchen in einer relativ verkehrsreichen Gegend. Einige Zimmer haben Blick auf die Kathedrale.

City Inn: Finnieston Quay, Tel. 240 10 02, Fax 248 27 54, moderat bis teuer. 164 zeitgenössisch designte ensuite-Zimmer in Glasgows neuem In-Viertel am Clyde, Restaurant, Bar – sehr professionell.

The Malmaison Glasgow: 278 West George St., Tel. 572 10 00, Fax 572 10 02, teuer. Der Bruder des Edinburgher Hotels Malmaison liegt im Zentrum der Stadt bei den City Chambers; wohnliches postmodernes Innendesign von Ken McCulloch.

One Devonshire Gardens: 1 Devonshire Gardens, an der Great Western Rd., Tel. 339 20 01, Fax 337 16 63, Luxus. Jedes Zimmer mit eigenem Farb- und Einrichtungskonzept hinter georgianischer Edelfassade; ein Service wie in der guten alten Zeit. Die Topadresse Glasgows kostet um die 100 £.

Glasgow hat die wohl beste Küche Schottlands. Da die Glaswegians gerne und oft ausgehen, ist Vorbestellung immer ratsam. Treffpunkt **Ashton Lane:** Pittoreske Hinterhofgasse im viktorianischen Wohnviertel. Im Stadtteil **Dowanhill** gibt's zahlreiche Pubs, Brasserien und Restaurants.

Café Gandolfi: 64 Albion St., Tel. 552 68 13, moderat.
Gemütliche, alteingesessene Brasserie mit Buntglasfenstern und riesigen Holzmöbeln, gutes Frühstück.

Creme de la Creme: 1071 Argyle St., Tel. 221 32 22, moderat.
Den postmodern bis neureich designten Riesensaal eines ehemaligen Kinos muss man gesehen haben. Einfallsreiche, köstliche indische Küche mit freundlicher Bedienung.

The Ubiquitous Chip: 12 Ashton Lane, Tel. 334 50 07, teuer.
In einem offenen, steingedeckten und dschungelartig bewachsenen Innenhof; eine der innovativsten und schmackhaftesten Küchen, z. B. vegetarischer Haggis, Kartoffel-Rüben-Püree oder Hafer-Eis; bester Weinkeller des Landes, Weinladen. **Upstairs at the Chip** ist der preiswertere kleine Weinbarbruder im selben Gebäude. – Tisch auf der Galerie bestellen!

Two Fat Ladies: 88 Dumbarton Rd., Tel. 339 19 44, teuer.
Großartiger Fisch, informelle Atmosphäre.

Puppet Theatre: 11 Ruthven Lane, Tel. 339 84 44, Luxus.
Sehr beliebt – köstliches Essen in viktorianischen Räumen und modernem Wintergarten.

The Buttery: 652 Argyle St., Tel. 221 81 88, Luxus.
In einem hässlichen Neubaugebiet ragt das georgianische Haus mit einem der renommiertesten Esstempel der Stadt auf. Distinguiert-

gemütliche, sehr schottische Atmosphäre. – **The Belfry,** Tel. 221 06 30, der preiswertere kleine Bruder im selben Haus, moderat.

Cafés und Tea Rooms
Doocot Organic Café: 11 Mitchell Lane.
Quirliges Designer-Café im Lighthouse, leckeres Essen bis Mitternacht, nicht billig.

Tinderbox: 189 Byres Road.
Kaffee, witzige Magazine, Snacks, aber kein Alkohol, hippes Design der Glasgower Graven Images.

Pollok House (s. S. 55):
Mittagssnacks in großer edwardianischer Küche des ursprünglichen Dienstbotenkellers.

University Café: 87 Byres Rd.
Legendäres 50er-Jahre-Studentencafé mit Stanioldeko, Take-away.

Willow Tea Room: 217 Sauchiehall St., Tel. 332 05 21
Das 1903 von Mackintosh entworfene creme-rosafarbene Café mit dem durchgängigen Weidenmotiv und den hohen Stuhllehnen

Ausdruck von Scottishness und Wirtschaftsfaktor: der Kilt

wurde relativ originalgetreu wieder aufgebaut und ist sehr beliebt.

Die Stadt des Designs ist berühmt für ihre gigantischen Einkaufszentren.

Buchanan Galleries: Buchanan/ Ecke Bath St. Schicke, nicht allzu teure Geschäfte in funkelnagelneuem Centre.

Princes Square Shopping Centre: Meist edle Boutiquen in mehrstöckigem Konsumtempel um einen offenen Innenhof.

St. Enoch Shopping Centre: Futuristischer, weniger feiner Einkaufsdschungel, Schlittschuhbahn.

Italian Shopping Centre: Schicke Cafés und Restaurants, Boutiquen der Edeldesigner von Armani bis Versace.

Victorian Village: 57 West Regent St. Antikmarkt in altem Warenhaus; Mackintosh-inspiriertes Kunsthandwerk unter dem **Willow Tea Room** (s. S. 57f.).

Barras: Gallowgate, Sa/So 9–17, Mi–Fr 10–16 Uhr. Europas größter überdachter Markt mit einzigartiger, ›proletarischer‹ Atmosphäre: das alte Glasgow. Trödel und alles, was bunt und billig ist.

Das **West End** um Byres Road und Ashton Lane ist nach Sonnenuntergang das größte Amüsierzentrum Glasgows, doch auch im Zentrum ist nachts eine Menge los.

Bars: Baby Grand, 3/7 Elmbank Gardens. Coole Nachtbar inmitten des Asphaltdschungels um Charing Cross. **De Quincey's,** 71 Renfield St. Einzigartige maurische Kachelpracht, ein schicker, beliebter Treff nahe dem Zentrum.

Pubs: Griffin, 266 Bath St. Billiger, fettiger Lunch für Glasgows Geschäftsleute, Hektik in historischer Umgebung. **Hogs Head,** Argyle St., gegenüber dem Kelvingrove Museum. Alter, gemütlicher Pub mit Live-Musik. **The Horseshoe:** 17 Drury St. Traditioneller Pub mit Hufeisenbar und gutem Essen – ein Klassiker seit 1884. **Scotia Bar:** 112 Stockwell St. Gemütlicher Pub aus den 1920ern mit viel Neo-Tudor-Holz, niedriger Decke und Folkmusik. **The Tunnel:** 84 Mitchell St. Designdisko mit bekannten DJs.

Die meisten Veranstaltungen können beim Ticket Centre, Candleriggs, Tel. 287 55 11, gebucht werden. Im Winter Aufführungen der in Glasgow beheimateten Scottish Opera, des Scottish Ballet und des Royal Scottish National Orchestra, z. B. im **Theatre Royal,** 282 Hope St., Tel. 332 33 21, oder **Glasgow Royal Concert Hall,** Tel. 353 80 00. Großveranstaltungen finden statt in Sir Norman Fosters gürteltierähnlichem **Clyde Auditorium** am Hafen.

Tramway: 25 Albert Dr., Tel. 422 20 23. Avantgardistische Bühne von Peter Brooke mit Weltgeltung.

Feste: Jan.: **Celtic Connections;** Juli: **Jazzfestival;** Aug.: **World Pipe Band Championships.**

Flughafen: Internationaler Flughafen Abbotsinch, Paisley, 13 km südwestlich von Glasgow; Infos Tel. 887 11 11; Bus- und Bahnverbindung nach Glasgow; Taxi etwa 17 £. Alle großen Autovermieter.

Bahn: Von Bahnhöfen Central und Queen Street Fernzüge von ›ScotRail‹ innerhalb Schottlands, von Central mit InterCity nach England; Zugauskunft 08457/ 48 49 50. Ausgezeichnetes Netz von Vorortzügen. Auskunft zu

Bahn, Bus, U-Bahn im Travel Centre, St. Enoch Square, Tel. 226 48 26. Zahlreiche Spartickets.
U-Bahn: Es gibt einen in beide Richtungen verlaufenden U-Bahn-Ring um die Innenstadt. Züge verkehren alle 4 bis 8 Min. (Mo–Sa 6.30–22.55, So 11–18 Uhr). In jeder Station findet man einen Fahrkartenstand, an dem auch Broschüren erhältlich sind.
Bus: Fernbusse vom Buchanan Busbahnhof, Travel Centre dort, Mo–Sa 6.30–22.30, So 7–22.30 Uhr, Tel. 332 71 33.
Autovermietung: Arnold Clark, Vinicombe St., Tel. 334 95 01.
Schiff: Der Welt einziger Küsten-Raddampfer, die jüngst originalgetreu restaurierte PS Waverley, stampft im Sommer vom Anderston Quay los, Tel. 221 81 52.
Stadtbesichtigung: Mit den Amphibienfahrzeugen der ›Glasgow Ducks‹ wird man auf Straßen und dem Clyde herumgeschaukelt, Start Pacific Quay am Science Centre, Touren 10, 12, 15, 17 Uhr, Tel. 0870/013 61 40 – unique.

Inveraray

Lage: C 8
Vorwahl: 01499
Einwohner: ca. 500

Weiß und schwarz gestrichene, adrette georgianische Häuschen und ein Glockenturm bilden die pittoreske ›Skyline‹ des Örtchens inmitten einer der schönsten Hochlandregionen.

 Inveraray Castle: 1 km nördlich des Ortes, April–Okt. Mo–Do, Sa 10–13, 14–17.45, So 13–17.45 Uhr, Juli/Aug. durchgehend und auch Fr.

Märchenhafter Stammsitz der Herzöge von Argyll und Clanchiefs der Campbells: *gothic revival.*
Inveraray Jail: Church Sq., April–Okt. 9.30–17, Nov.–März 10–16 Uhr.
Schottlands bestes Gefängnismuseum mit lebendiger Präsentation: Schauzellen, Gerichtsverhandlung mit lebensgroßen Puppen, Schauspieler.

Auchindrain Old Highland Township:
10 km südwestlich des Ortes, April–Sept. 10–17 Uhr.
Komplettes Dorf als Museum.

Das **Kilchurn Castle** (C 7) liegt 20 km nördlich des Ortes. Eine von Schottlands schönsten Burgruinen in gebieterischer Lage am Loch Awe.

Tourist Information:
Front St., Tel. 30 20 63.

Hostel: Dalmally Rd., Tel. 30 24 54, günstig.
Mrs. J. MacLugash:
Creagh Dubh, Tel. 30 24 30, günstig.
Viktorianisches Haus in eigenem Park, 5 Min. zu Fuß vom Zentrum.
Thistle House: St. Catherine's, auf dem gegenüber liegenden Fyne-Ufer, Tel. 30 22 09, Fax 30 25 31, moderat.
Wunderbares, luxuriöses viktorianisches Guest House inmitten eines Parks, Zimmer *ensuite.*
The Creggans Inn: Strachur, auf dem gegenüber liegenden Ufer, Tel. 013 69/ 86 02 79, Fax 86 06 37, teuer.
Einer der berühmtesten Highland Inns, gediegen schottisch.

 Loch Fyne Oyster Bar:
Clachan, 12 km nördlich

des Ortes am Kopf des Loch Fyne, Tel. 60 02 36, moderat.
Geschäft mit phantastischem Räucherfisch/-muscheln und schlichtrustikales, nicht billiges Seafood-Bistro – unbedingt vorbestellen!

Inverness

Lage: D 4/5
Vorwahl: 01463
Einwohner: ca. 65 000

Die schön gelegene, blitzblanke ›Kapitale der Highlands‹ mit ihrer guten touristischen Infrastruktur erkundet man am besten auf einem Spaziergang am Ufer des breiten, flachen Ness. Beginnen Sie am südlichen Stadtende an der **Ness Bank** (Ostufer) mit ihren empfehlenswerten Pensionen und machen Sie einen Abstecher zur rötlichen viktorianischen **Burg.** Überqueren Sie den Ness auf der

Cawdor Castle

schwingenden viktorianischen Fußgängerhängebrücke **Geird Bridge** am nördlichen Stadtende, dann geht's am Westufer zurück, vorbei an der neogotischen **St. Andrew's Cathedral** und über eine zweite Hängebrücke.

Museum: Castle Wynd, an der Burg, Mo–Sa 9–17 Uhr. Archäologie, Geschichte und Kultur der Highlands.

Culloden Battlefield (D 5): 7 km östlich der Stadt an der B 9006, April–Okt. 9–18, Feb./März, Nov./Dez. 10–16 Uhr. Das Schlachtfeld der Niederlage (s. S. 11) ist ein trister Ort: Massengräber der Clans, Gedenksteine. Tolles Selbstbedienungsrestaurant.
Clava Cairns (D 5): nahe der B 851, 8 km östlich von Inverness. Finstere steinzeitliche Grabhügel mit bronzezeitlichen Steinkreisen. Ausflug in die Küstenebene im Nordosten: Zum Macbeth-Schloss **Cawdor Castle** (D 4, Mai–1. So im Okt. 10–17.30 Uhr) und zum nicht so bekannten **Brodie Castle** (E 4, April–Sept. Mo–Sa 11–17.30, So 13.30–17.30 Uhr, Okt. nur Sa und So), das mit wohnlicher Atmosphäre, kostbaren Gemälden und weitem Park fasziniert. Unbedingt besuchen muss man das georgianische **Fort George** (D 4) am Moray Firth, das Besuchern einen Einblick in das harte Soldatenleben im 18. Jh. vermittelt.

Tourist Office: Castle Wynd, Tel. 23 43 53, www.inverness-scotland.com

Inverness Student Hostel: 8 Culduthel Rd., am Ostufer, Tel. 23 65 56, günstig. Independent Hostel mit viel Atmosphäre, teils mit Blick auf den Ness.

Mrs. L. Fraser: 26 Ness Bank, Tel. 23 43 97, Fax 22 27 42, günstig.
Empfehlenswertes B & B am Ost-ufer in viktorianischer Villa; freundlicher Empfang, jetzt alle Zimmer *ensuite*.

The Old Rectory Guest House:
9 Southside Rd., Tel./Fax 22 09 69, günstig.
Alle Zimmer *ensuite* in viktoriani-schem Granithäuschen.

Ardmuir House Hotel: 16 Ness Bank, Tel./Fax 23 11 51, moderat.
Am östlichen Ness-Ufer; Familien-hotel, alle Zimmer *ensuite*.

Moyness House: 6 Bruce Gar-dens (im Stadtzentrum),
Tel./Fax 23 38 36, moderat.
Der schottische Schriftsteller Neil Gunn (1891–1973) wohnte einst in dieser geschmackvoll renovier-ten viktorianischen Villa im Zuckerbäckerstil mit Garten und großen Räumen; Abendessen nur für *residents* – empfehlenswert.

Bunchrew House Hotel:
Bunchrew (5 km westlich von Inverness), Tel. 23 49 17,
Fax 71 06 20, teuer.
Liebevoll renoviertes Country-House-Hotel in einem neobaro-nialen Herrenhaus des 17. Jh. mit Blick auf den Beauly Firth; Restau-rant: (teure) schottische Küche mit modernem Flair.

Café 1: 75 Castle St.,
Tel. 22 62 00, moderat.
Bistro-Stil mit historischen Zitaten.

The Riverhouse Restaurant:
1 Greig St., Tel. 22 20 33, teuer.
Am Ness-Ufer; Schwerpunkt Fisch, gekocht wird in einsehbarer Küche.

Woodwards Restaurant:
99 Castle St., Tel. 70 98 09, teuer.
Zu keltischer Musik gibt's Täub-chenbrust an rotem Zwiebelmus.

Lassen Sie sich im Zentrum der Kiltschneiderei ein schottisches Beinkleid schneidern oder sehen Sie dabei zu:
The Scottish Kiltmaker Visitor Centre – Hector Russell:
4–9 Huntly St., Tel. 22 27 81.

Pub: Clachnaharry Inn:
2 km außerhalb an A 862.
Sympathisch-traditioneller Pub mit gutem Bier.

Balnain House: 40 Huntly St.
In diesem Zentrum für traditionelle Musik kann man selbst mal Harfe, *fiddle* oder Dudelsack spielen; dazu Konzerte, Sessions, Kellercafé und jede Menge Spaß.

Eden Court Theatre:
Bishop's Rd., Karten
Tel. 23 42 34.
Eine von Schottlands besten ›Pro-vinzbühnen‹; preiswertes Selbstbe-dienungsrestaurant, Salate, Pasta.

Flughafen: Regionalflugha-fen Dalcross, 13 km nord-östlich der Stadt, Tel. 46 40 00.
Innerschottische Flüge auf alle In-seln; es verkehrt ein Pendelbus nach Inverness; Taxi ca. 10 £.

Bahn/Bus: Bahnhof Academy St., Tel. 08457/48 49 50. Busbahnhof Farraline Park, nahe Academy St. Inverness ist der Verkehrsknoten-punkt der nördlichen Highlands.

Autovermietung: Arnold Clarke, 47/49 Harbour Rd., Tel. 23 62 00.

Schiff: ›Jacobite Cruises‹, Tom-nahurich Bridge, Glenurquhart Rd., Tel. 23 39 99.
Durch die Schleusen des Caledo-nian Canal geht es zur Monster-jagd auf dem Loch Ness.

Jedburgh

Lage: F/G 10
Vorwahl: 01835
Einwohner: ca. 4000

Die attraktive Stadt kurz hinter der ›Grenze‹ zu England hat ein sehenswertes **Gefängnismuseum** (Mo– Sa 10–16.30, So 13–16 Uhr) und ein **Museum** zum Gedenken an **Maria Stuart** (Ostern–Okt. Mo– Sa 10–16.45, So 10–16.30 Uhr).

 Abbey: High St. Hauptattraktion des Ortes ist die fast intakte romanische Abteikirche mit romantischem Friedhof, 1138 von David I. gegründet; kleines, feines Museum.

 Hermitage Castle (F 10): April–Sept. tgl. 9.30–18.30 Uhr.
Ausflug (ca. 30 km) in den Südwesten zu dem in der Einsamkeit gelegenen massigen *tower house* mit Maria-Stuart-Reminiszenzen.

 Tourist Information: Murray's Green, Tel. 86 34 35, 86 36 88.

Willow Court: The Friars, Tel. 86 37 02, Fax 86 46 01, günstig.
Freundliches, modernes Gästehaus im Zentrum; probieren Sie Jane McGoverns Küche!
Glenfriars Country House Hotel: The Friars, Tel./Fax 86 20 00, moderat.
Manche Zimmer in dem georgianischen Haus mit *four-poster beds*.

Simply Scottish: High St., Tel. 86 46 96, moderat.
Preiswertes, schmackhaftes Essen in modernem Bistro-Café.

Kelso

Lage: G 9
Vorwahl: 01573
Einwohner: ca. 5000

Den nettesten Ort Schottlands hat Sir Walter Scott die geschäftige Provinzstadt mit viel georgianischer Bausubstanz genannt. Hauptsehenswürdigkeit ist neben dem Rest der **Abteikirche** das prächtige Floors Castle, das man auf einem Uferspaziergang 2 km den Tweed entlang erreicht.

 Floors Castle: Ostern–Okt. tgl. 10–16.30 Uhr.

 Tourist Information: Town House, The Square, Tel. 22 34 64.

 White Swan Inn: Abbey Row, Tel. 22 58 00, günstig.
Georgianisches Stadthaus, in dem schon Bonnie Prince Charlie schlief.
Hundalee House: 2 km außerhalb, Tel./Fax 86 30 11, günstig.
Luxus-B & B mit Four-Poster-Beds in Landhaus des frühen 17. Jh.
Ednam House Hotel: Bridge St., Tel. 22 41 68, Fax 22 63 19, teuer.
In diesem relativ preiswerten georgianischen Herrenhaus am Tweed-Ufer mit teils historischer Inneneinrichtung isst man auch gut (moderate Preise).

Feste: Okt.–Mai: **Kelso Races** (Pferderennen); Mai–Aug.: **Piper-Aufmärsche** vor dem Floors Castle.

Kirkcudbright

Lage: D 12
Vorwahl: 01557
Einwohner: ca. 2500

Die ehemalige Künstlerkolonie mit den bunten georgianischen Häuserzeilen und dem spätmittelal-

Düstere Balladen ranken sich auch um Jedburgh Abbey

terlichen **MacLellan Castle** (April –Sept. tgl. 9.30–18.30 Uhr) ist der hübscheste Ort an der sanften Solway-Küste – das ideale Quartier für Rad-, Wander- oder Besichtigungsferien in diesem zu Unrecht etwas vernachlässigten Landstrich.

 Hornel Art Gallery: High St., Ostern–Okt. tgl. 13–17.30 Uhr.
In dem schönen georgianischen Broughton House mit üppigem Bauerngarten wohnte und malte E. A. Hornel (1864–1933), der zur Künstlergruppe der ›Glasgow Boys‹ gehörte.

Eine Rundtour führt zur elegischen Abteiruine von **Dundrennan** (11 km südöstlich des Ortes, Okt.–März nur Sa, So), zum kuriosen runden *tower house* **Orchardton Tower** (D 11, 10 km südöstlich von Castle Douglas), in die sehenswerten **Threave Gardens** (1 km westlich von Castle Douglas, 9.30 Uhr bis Sonnen-

untergang, ausgezeichnetes Café/Restaurant) und 5 km westlich von Castle Douglas zu dem finsteren *tower house* **Threave Castle** (D 11, April–Sept. 9.30–18.30 Uhr).

 Tourist Office: Harbour Sq., Tel. 33 04 94.

 Gladstone House: 48 High St., Tel./Fax 33 17 34, moderat.
Geschmackvoll-schlichte Zimmer mit Erkern und Blick, gemütliche schottische Lounge und ›Honesty Bar‹, variantenreiches Frühstück und Sue Westbrooks liebenswerter Stil machen es zu einem von Schottlands besten Guest Houses.
Mrs. C. Pickup: Craigadam, 3 km nördlich von Crocketford an A 712, Tel./Fax 01556/65 02 33, günstig bis moderat.
Kaminfeuer und mit Antiquitäten eingerichtete *ensuite*-Zimmer in Country House; Celia Pickup kocht ausgezeichnet mit frischen Produkten.

Loch Lomond

Der viel besungene und mittlerweile arg strapazierte Loch Lomond (C 8) soll im Sommer 2002 Schottlands erster Nationalpark werden. Im nagelneuen Besucherzentrum bei Balloch wird derzeit noch an Ausstellung, Einkaufszentrum, Restaurants etc. gearbeitet. Vom Pier fahren schon Schiffe mit Rangerbegleitung auf den See, auch die markierten Wanderwege gehören zum Programm des sanften Tourismus. Turm und Imax-Kino.

 Auld Alliance: 5 Castle St., Tel. 33 05 69, teuer.
Beste französisch-schottische Küchenallianz in unprätenziösem Ambiente; köstliches *seafood*.

 Old Smugglers Inn: Main St., Auchencairn, günstig.
Gemütlicher Gasthof und Pub.

Melrose

Lage: F 9/10
Extra-Tour 2: S. 86f.
Vorwahl: 01896
Einwohner: ca. 2200

Vielleicht der Ort in den Borders, wo man sich am wohlsten fühlt! Zu Fuß geht es am Tweed entlang oder auf die Eildon Hills.

 Tourist Information: Abbey House, Abbey St., Tel. 82 25 55.

 Melrose Youth Hostel: Priorwood, Tel. 82 25 21, günstig.
2 Sterne; eine der schönsten Jugendherbergen Schottlands mit Blick auf die Abtei; auch Fahrradverleih möglich!
Mrs. E. M. Cripps: Chiefswood, Chiefswood Rd., Tel. 82 21 72, günstig.
In diesem georgianischen Haus besuchte Sir Walter Scott seine Tochter! Drei Räume, davon einer mit Bad.
Mrs. L. R. Buchanan: Little Fordel, Abbey St., Tel. 82 22 06, günstig.
Nähe Abtei; zwei großzügige, geschmackvoll eingerichtete *ensuite*-Räume für 23–25 £; großartiges Frühstück. Vorbestellen!
Burts Hotel: Market Sq., Tel. 82 22 85, Fax 82 28 70, teuer.
Ein traditioneller, typisch schottischer Gasthof *at its best*. Deftiges Essen in der immer vollen Bar.

 Marmion's Brasserie: Buccleuch St., Tel. 82 22 45, moderat.
In holzgetäfeltem Ambiente kocht Mr. Robson französisch inspirierte Bistroküche zu reellen Preisen. Man fühlt sich auf Anhieb pudelwohl.
Pyemont & Company: 28 Market Sq.
Alteingesessener Tee-, Kaffee-, Whisky- und Bierladen; angeschlossen ist ein georgianisches Café (Russell's Restaurant), und es gibt auch verschiedene leckere Mittagssnacks.

New Abbey

Lage: E 11
Vorwahl: 01556
Einwohner: ca. 400

Ein reizendes, südenglisch anmutendes Örtchen mit der Ruine der **Sweetheart Abbey,** eine der schönsten des Landes (Okt.–März Do nachmittags/Fr geschl.) und dem **Shambellie House Museum,** einem sehenswerten Kostümmuseum (Ostern–Okt. tgl. 11–17 Uhr).

 **Millbrae House:** Rockcliffe (südwestlich an der Küste Nähe Dalbeattie), Tel. 63 02 17, Fax 63 04 89, günstig.
Ensuite-Zimmer in traditionellem Haus.

Oban

Lage: B 7
Vorwahl: 01631
Einwohner: ca. 7000

Das Schönste am wenig feinen Touristenzentrum Oban ist der Blick vom MacCaigs Tower hoch oben über dem Hafen hinüber zu der labyrinthischen Insel- und Schärenwelt von Mull.

Dunollie Castle: am nördlichen Ortsrand, immer zugänglich.
Von der Burgruine hat man einen herrlichen Blick übers Meer.

Ben-Cruachan-Kraftwerk (C 7): 20 km östlich von Oban, Ostern–Nov. 9.30–17 Uhr. Das Speicherwasserkraftwerk ist ein Wunder der Technik, tief innen im ›hohlen Berg‹ – ein Erlebnis, aber nichts für Klaustrophobiker.

Bridge over the Atlantic (B 8): Alte, blümchenbewachsene Steinbrücke auf das Inselchen Seil.
Dunstaffnage Castle: 7 km nördlich am idyllischen, langen Loch Etive, April–Sept. 9.30–18.30, So ab 14, Okt.–März bis 16.30 Uhr, Do nachmittags/Fr geschl. Bullige Burg des 13. Jh.
Seal an Marine Centre: 15 km nördlich des Ortes, tgl. 10–18 Uhr. Sehenswerte Aquarien.
Yacht Corryvreckan: Von Oban starten die Lindsays mit ihren Segelgästen zu Turns zu den Hebriden; mit köstlichem Essen an Bord kostet eine Woche um die 500 £, Tel./Fax 77 02 46.

Tourist Information: Boswell House, Argyll Sq., Tel. 56 31 22.
Buchungen für organisierte Fähr-/Bus-/Bötchentour nach Mull und zur bedeutenden Königsabtei auf dem Inselchen Iona vor Mull.

 Meiden Sie die zahllosen Hotels/Guest Houses direkt an Hafen und Esplanade.
Oban Youth Hostel: Esplanade, Tel. 56 20 25, günstig. 3 Sterne.
Beechgrove: Croft Rd., Tel. 56 61 11. **Dungrianach:** Pulpit Hill, Tel. 56 28 40, beide günstig. Zwei komfortable B & B in Obans schönerem Teil mit freundlicher, familiärer Atmosphäre.
Hawthornbank Guest House: Dalriach Rd., Tel. 56 20 41, moderat.
Viktorianische Villa, Nichtraucher.
Ards House: Connel, 6 km nördlich des Ortes, Tel. 71 02 55, moderat bis teuer.
Luxuriöses viktorianisches Guest House mit gutem Restaurant.
Dungallan House Hotel: Gallanach Rd., Tel. 56 37 99, Fax 56 67 11, teuer.

Viktorianisches Herrenhaus in eigenem Park mit Meerblick; die Gastgeberin kocht selbst, das gute *seafood* im Restaurant können auch Auswärtige genießen (teuer).

 Waterfront Restaurant: No1 The Pier, Tel. 56 31 10, teuer.
Frischer, leckerer Fisch in heller ehemaliger Fischermission.

 Tigh-an-Truish Inn: Seil, Bridge over the Atlantic, günstig.
Uralter, authentischer Pub, in dem man auch essen kann – ein Erlebnis.

 **Bahn:** Endbahnhof der ›West Highland Line‹, Züge nach Glasgow, Infos Tel. 08457/ 48 49 50.
Schiff: Calmac-Büro, Tel. 56 66 88, Fax 56 65 88.
Autofähren nach Barra, South Uist, Colonsay, Coll, Tiree, Lismore, Mull. Von Taynuilt Bootstouren auf dem Loch Etive, Ostern–Mitte Okt., Tel. 01866/ 82 24 30.

Perth

Lage: E 7
Vorwahl: 01738
Einwohner: ca. 45 000

Obwohl der Blick von der Perth Bridge auf den North Inch Park, und die georgianischen Straßenzüge Atholl Crescent, Rose Terrace und Barossa Place sowie die Haupteinkaufsstraße Mill Street recht hübsch sind, *muss* man Perth nicht gesehen haben. Für Übernachtung und preiswertes, gutes Essen aber ist Perth ein Tipp!

 **Fair Maid's House:** Charlotte Pl.

Das fotogene älteste Haus von Perth, bekannt durch Sir Walter Scotts Roman ›The Fair Maid of Perth‹. In dem charmanten Laden wird geschmackvolles Kunsthandwerk aus ganz Schottland verkauft.

 Dunkeld: 25 km weiter nördlich an der A 9, der ›Autobahn in die Highlands‹.
Das pittoreske, größtenteils aus dem 17. Jh. stammende Örtchen Dunkeld hat eine elegische gotische Kathedralruine am grünen Ufer des sanft dahinströmenden River Tay.
The Hermitage: 3 km westlich von Dunkeld. Zum Wandern einladender Wald um die Folly Ossian's Hall.
Scone Palace: 3 km nordöstlich der Stadt, von Ostern–Okt. tgl. 9.30–16.45 Uhr.
Der Moot Hill vor dem stattlichen neogotischen Palast war einst Inthronisations-Ort der schottischen Könige; prunkvoll-kitschige Kunstsammlung und weite Grounds.

 Tourist Information: Lower City Mills, West Mill St., Tel. 45 06 00.

 Perth Youth Hostel: Glasgow Rd., Tel. 62 36 58, günstig.
2 Sterne; viktorianisches Haus in eigenem Park.
Kinnaird Guest House:
5 Marshall Pl., Tel. 62 80 21, Fax 44 40 56, günstig.
7 *ensuite*-Zimmer in einem georgianischen Nichtraucher-Haus.
Park Lane Guest House:
17 Marshall Pl., Tel. 63 72 18, Fax 64 35 19, günstig.
An attraktiver georgianischer Wohnstraße. Das Guest House hat

sechs Zimmer und eine wunderschöne Lounge.

Sunbank House Hotel:
50 Dundee Rd., Tel. 62 48 82, Fax 44 25 15, moderat.
Freundliches viktorianisches Haus in eigenem Park am Stadtrand; schöne Blicke auf den River Tay und die Stadt, gutes Preis-Leistungs-Verhältnis, auch im Restaurant.

 Betty's: 67 George St., günstig.
Gemütlicher und altmodischer *tea room*.

Almondbank Olde Worlde Inn:
Main St., Almondbank, 4 km nordwestlich der Stadt, Tel. 58 3242, moderat.
Alter, typischer Pub mit ehrlichem *bar food* und echtem Old-World-Flair.

Let's Eat: 77 Kinnoull St., Tel. 64 33 77, und 33 George St., Tel. 63 37 71, moderat.
Erfolgreiches Bistro mit moderner, preiswerter und innovativer schottischer Küche, das immer wieder Preise einheimst.

The Lang Bar & Restaurant:
im Perth Theatre, 185 High St., Tel. 47 27 09, moderat.
Ein Erlebnis! Preiswertes Restaurant und Bar/Bistro im schönen, renovierten viktorianischen Theater (Karten Tel. s. u.). Im Sommer mit Live-Musik; kreative Küche, Fleisch mit Früchten und süßen Komponenten; unbedingt reservieren!

Exceed: 65 South Methven St., Tel. 62 11 89, teuer.
Etwas feinere modern-schottische Küche in einem geschmackvoll umgebauten alten Saatgutlager.

 Fest: Mai: **Festival of the Arts** im Theater, 185 High St., Tel. 62 10 31.

Pitlochry

Lage: E 7
Vorwahl: 01796
Einwohner: ca. 2700

Eine Tourifalle mit Tradition und guter Infrastruktur. Berühmt ist die wenig romantische Lachsleiter am Stausee.

 Blair Castle (E 6): April–Okt. 10–18 Uhr.
Schloss im Baronialstil mit Waffen und historischen Reliquien. Der jüngst verstorbene Herzog von Atholl durfte als einziger Privatmann in Großbritannien eine Armee unterhalten; Parade am letzten Sonntag im Mai.

Queen's View (D/E 6/7): An diesem viel besuchten Ausblick über dem Loch Tummel seufzten schon Victoria und ihr Sachse Albert.

 Tourist Information:
22 Atholl Rd., Tel. 47 22 15 und 47 27 51.

Pitlochry Youth Hostel:
Knockard Rd., Tel. 47 23 08, günstig. 2 Sterne.

Dalshian House: Old Perth Rd., Tel./Fax 47 21 73, günstig.
Farm aus dem 18. Jh. 3 km südlich mit geräumigen, stilvoll eingerichteten ensuite-Zimmern.

Dunfallandy House: Logierait Rd., Tel. 47 26 48, Fax 47 20 17, moderat.
Für die georgianische Eleganz von Herrenhaus und Zimmern erstaunlich preiswert. Auf dem ehemaligen Sitz des Clanhaupts der McFergus von Atholl steht ein Piktenstein; gutes, superb eingerichtetes Restaurant.

The Poplars: 27 Lower Oakfield, Tel. 47 21 29, Fax 47 25 54, moderat.

Das komfortable, ruhig gelegene Hotel mit *views* in einer viktorianischen Villa bietet auch Essen für *non-residents* an.

Pitlochry Festival Theatre Restaurant: Port-na-Craig, 1 km westlich des Ortes am Südufer des Loch Tummel, Tel. 48 46 00, Vorführungen und Restaurant nur Mai–Okt., moderat. Mittags Buffet, abends immer voll, besonders vor den Vorstellungen (Karten Tel. 48 46 26).

Moulin Inn: 2 km in Richtung Bridge of Cally. Der gemütliche Pub-Gasthof von 1695 schenkt selbst gebraute Ales aus.

Plockton

Lage: B 5
Vorwahl: 01599
Einwohner: ca. 500

Wegen der vielen englischen Zugezogenen erhielt der wunderhübsche Ferienort am lieblichen Loch Carron den Spitznamen ›New Sussex‹. Das Wandererparadies um die **Five Sisters of Kintail** und die wilde Applecross-Halbinsel geben dazu den herben Kontrast. Und über die Steinbrücke des bekannten **Eilean Donan Castle** ritt schon der ›Highlander‹.

Mr. & Mrs. Bruce: 6 Bank St., Tel. 54 42 21, günstig. In einem Cottage am Meer.
Mrs. J. Jones: 4 Frithard Rd., Tel. 54 43 21, günstig. Eine freundliche Familie führt dieses B & B in modernem Haus.
Mrs. MacAulay Rowe: An Caladh, 25 Harbour St., Tel. 54 43 56, günstig.

B & B in einem ortstypischen Fischer-Cottage am Meer; Angebot von geführten Wanderungen.
Plockton Inn: Innes St., Tel. 54 42 22, Fax 54 44 87;
The Haven Hotel: Innes St., Tel. 54 42 23, Fax 54 44 67, beide moderat.
Zwei gemütliche kleine Landhotels, letzteres etwas teurer; *bar food* und Restaurants.

Off The Rails: The Station, Tel. 54 44 23, moderat. Ein winziges, holzgetäfeltes Restaurant im liebevoll renovierten viktorianischen Bahnhof. Man braucht Zeit für Jakobsmuscheln in Ingwer und Kokosnuss bei Kerzenschein. Magisch.

Viel beseufzter *beauty spot*: Queen's View über dem Loch Tummel

Plockton Hotel:
Harbour St.
Rustikaler Pub, immer voll.

Schiff: ›Leisure Marine‹, 32
Harbour St., Tel. 54 43 06.
Tripps zu Seehunden, Bootsverleih.

Port Appin

Lage: B 7
Vorwahl: 01631

Ein paar Häuser an einem Pier, von
dem die Fähre zur Insel Lismore
tuckert. Etwas weiter nördlich
thront **Castle Stalker** unzugäng-
lich und herb-schön auf einem Inselchen im Loch Linnhe.

Fasgadh Guest House:
Tel. 73 03 74, günstig.
Modernes Guest House mit kom-
fortablen Zimmern.

Pierhouse Hotel: Tel.
73 03 02, Fax 73 04 00,
moderat.
Zu Jazzklängen im Restaurant oder
im lebhaften Pub mit Blick auf den
Pier und Lismore gibt's heiße Aus-
tern mit Mornay-Sauce und ein
göttliches Nachtisch-Buffet. Für
mich der beste Fisch im Land. Zimmer im Familienhotel ab 35 £.

St. Andrews

Lage: F 8
Vorwahl: 01334
Einwohner: ca. 12 000

Die geruhsame, attraktive Kleinstadt mit vielen historischen Sehenswürdigkeiten rühmt sich der ältesten, 1410 gegründeten Universität Schottlands und war im Mittelalter Sitz des Primas und das geistliche Zentrum des Landes, von dem 1528 das Fanal zur Reformation ausging. Heimat des Golfs: Die weltberühmte 18-Loch-Anlage des ›Old Course‹ und der **Royal and Ancient Golf Club** sind der Traum eines jeden Golfers. Seit Prince Charming Andrew hier studiert, sind die gepfefferten Preise noch weiter gestiegen.

Castle: North Castle St. Ruine aus dem 16. Jh. mit hochmodernem Besucherzentrum zur blutigen Stadtgeschichte.

Sea Life Centre: The Scores, neben dem British Golf Museum, tgl. 10–18 Uhr, Juli/Aug. 9–19 Uhr. Was vor Schottlands Küsten kreucht und schwimmt.

Kathedrale: North St. Ruine im normannisch-gotischen Übergangsstil, Museum; vom Turm der archaischen St. Rule-Kirche daneben hat man einen weiten Ausblick.

Universität: Während des Studienbetriebs kann man die spätgotischen Colleges St. Salvator's

Herb-schön auf einem Inselchen im Loch Linnhe: Castle Stalker

St. Andrews' ›heiliges Grün‹

mit Kirche, North St., und St. Mary's, South St., sowie das neogotische Madras College, South St., besichtigen.

 British Golf Museum: Bruce Embankment, gegenüber dem RAC, April–Okt. 9.30–17.30, Nov.–März Do–Mo 11–15 Uhr.
Ein sehenswertes interaktives Museum über die manchmal seltsam anmutende Welt des Golfs.

Tourist Information: 70 Market St., Tel. 47 20 21.

University of St. Andrews: 79 North St., Tel. 46 20 00, Fax 46 25 00, Juni–Sept., günstig bis moderat. Günstig teils mit Gemeinschaftsduschen in David Russell und Hamilton Hall; moderat in 72 *ensuite*-Zimmern der hotelartigen, modernen New Hall.

Mrs. M. Coull: Abbey Cottage, Abbey Walk, Tel. 47 37 27, günstig. Freundliches, familiäres B & B.
Ashleigh House Hotel: 37 St. Mary's St., etwas außerhalb, Tel. 47 54 29, Fax 47 43 83, moderat. Frisch renoviert, Sauna. Ein Guest House/Hotel neben dem anderen an Murray Park und Murray Place, North St., Seafront.
Old Course Hotel: direkt am begehrten Old-Course-Golfplatz, Tel. 47 43 71, Fax 47 76 68, Luxus. *Das* Hotel von St. Andrews, ein Riesenklotz; alles vom Feinsten.

 Merchants House: 49 South St., Tel. 47 25 95, günstig bis moderat.
In dem historischen Haus unter bemalten Holzdecken serviert ein Bistro Speisen *à la francaise*.
St. Andrews Links Clubhouse: West Sands Rd., Tel. 46 66 66, günstig bis moderat.
Stilechtes Golferambiente: Gute Küche im modernen Dining Room oder informeller in der Lounge.
Brambles: 5 College St. Altmodisches Café mit gutem *home baking* und Lunchs.

 Byre Theatre: Abbey St., Tel. 47 62 88.
2000 neu eröffnetes Theater mit Theater-, Tanz-, Musikdarbietungen und Film in modernem Gebäude; Café/Restaurant.

Skye

Lage: A/B 4/5
Extra-Tour 3: S. 88f.
Einwohner: ca. 7500

Skye, die ›nebelige Schöne‹, ist die größte, am leichtesten erreichbare und wohl schönste Hebrideninsel. Das Massiv des Quiraing und der Cuillins, die Klippen der Durinish-Halbinsel und der sanfte Süden begründen ihren landschaftlichen Reiz. Hier kann man gut Vögel beobachten, vor allem in den Cuillins. Fernglas mitnehmen!

 Tourist Information: Bayfield House, Bayfield Rd., Portree, Tel. 01478/ 61 21 37.

Dun Flodigarry Hostel: Tel./Fax 01470/55 22 12, günstig.
Neben dem Flodigarry Country House Hotel (s. u.), nette Einrichtung, familiäre Atmosphäre.

Sabhal Mor Ostaig: Teangue, Ostaig, Süd-Skye, Tel. 01471/ 84 43 73, Fax 88 80 01, günstig.
An der **gälischen Universität** wird gälische Sprache, Musik, Archäologie u. v. m. auch in Wochenkursen gelehrt; auf ihrem brandneuen Campus und im ursprünglichen, umgebauten Farmhaus bekommt man auch preiswert B & B.

Mrs. McPhie: Balloch, Tel. 01478/ 61 20 93; **Mrs. E. Nicolson:** Almondbank, Tel. 01478/61 26 96, Fax 61 31 14, beide günstig.
Zwei luxuriöse B & B in modernen Bungalows in der Viewfield Road, in Gehentfernung zum Zentrum.

Coolin View Guest House: Tel. 01478/61 23 00, moderat;
The King's Haven: Tel./Fax 01478/61 22 90, moderat.
Zwei komfortable Guest Houses in inseltypischen Häuschen, Bosville Terrace im Zentrum von Portree.

Flodigarry Country House Hotel: Staffin, Tel. 01470/ 55 22 03, Fax 01470/55 23 01, teuer.
Das beste der Insel, preisgekrönt. Viktorianisches Haupthaus oder Flora MacDonald Cottages; in phantastischer Lage im Quiraing und am Meer, im ›Vorgarten‹ ein eisenzeitlicher Broch. Empfehlenswertes teures Restaurant, preiswerter im schönen, lichten Wintergarten; lebhafte Bar.

Gassi gehen – Dunvegan Show auf Skye

An Tuirean Arts Centre and Café Innean:
Struan Rd., Portree, günstig.
Tea Room: alternativ, vegetarisch, guter Lunch.

Lochbay Seafood Restaurant:
1/2 MacLeod's Terr., Stein,
Tel. 01470/59 22 35, moderat.
Verleben Sie einen magischen Abend am Pier von Stein mit köstlichem *seafood,* schlicht, gemütlich; auch einfache Zimmer.

The Chandlery: 9 Bosville Ter., Portree, Tel. 01478/61 28 46, moderat.
Seafood über Hafen von Portree.

Three Chimneys: neben dem Folk-Museum in Colbost ,
Tel. 01470/51 12 58, Luxus.
Lunch, Tea, Dinner. Trotz aller stilvollen Rustikalität *snobby*, aber gutes *seafood*.

 Over the Rainbow: Quay Brae, Portree.
Ausgefallen, nicht billig, Kunsthandwerk, Strickwaren.

Ragamuffin: Armadale Pier, Armadale, Strickwaren (s. S. 89).

Skye Silver: The Old School, Colbost. Keltisch inspirierter Silberschmuck und schönes, schlichtes Kunsthandwerk.

Pier Hotel: Bar am Hafen von Portree, authentisch.

Stein Inn: Stein. Der älteste Pub der Insel, direkt am Meer.

Tongadale Hotel: Wentworth St., Portree. Gemütlich, etwas ziviler als Pier Hotel.

Feste: Juni: **Dudelsackwettbewerb** um den Donald MacDonald Quaich, Clan Donald Centre; Juli: **Dunvegan Castle Music Festival;** August: **Portree Highland Games; Dudelsackwettbewerb** um den Silver Chanter, Dunvegan Castle;

den ganzen Sommer über Musikwettbewerbe und -abende.

Schiff/Autofähren:
Calmac-Büros: Armadale, Tel. 01471/84 42 48, Fax 01471/84 42 12, **nach Mallaig** auf dem Festland (30 Min.); Uig, Tel. 01470/54 22 19, Fax 01470/54 23 87, **nach Tarbert** (Harris, 1 3/4 Std.); Tagesausflüge nach **Lewis/ Harris** mit kombinierter Bustour im Sommer.

Autovermietung: Ewen MacRae, West End Garage, Dunvegan Rd., Portree, Tel. 01478/61 25 54.

Fahrradvermietung: ›Island Cycles‹, The Green, Portree, Tel. 01478/61 31 21.

Kein Geheimtipp: Wanderparadies Quiraing auf Skye

Stirling

Lage: D 8
Vorwahl: 01786
Einwohner: ca. 29 000

Der alte Teil der strategisch bedeutenden Königsstadt liegt auf einem Hügel im Herzen Schottlands, an der Nahtstelle von Lowlands und Highlands. Alle Sehenswürdigkeiten, vornehmlich aus der Renaissance, erwandert man sich auf der St. John Street, die ganz nach oben zur Burg führt.

Broad Street: zweigt gegenüber Mars Wark ab.

Der von alten Häusern umstandene Hauptplatz mit *tolbooth* und *mercat cross*.
Castle: April–Sept. 9.30–18, Okt.–März bis 17 Uhr.
Königspalast, vornehmlich von James IV. und V. im 16. Jh. erbaut, umgeben von etwas älteren Befestigungsmauern; schön die geschnitzten Stirling-Medaillons, die Chapel Royal mit Fresken aus dem 17. Jh., die Great Hall und die lebensgroßen Figuren in der alten Küche; Regimentsmuseum.
Church of the Holy Rude: auf der St. John St.
In der spätgotischen Kirche wurde James VI., der einjährige Sohn

Maria Stuarts, zum König von Schottland gekrönt.
Mars Wark/Argyll's Lodging: etwas weiter oberhalb der Church of the Holy Rude. Zwei Renaissance-Adelspaläste, letzterer komplett mit Originalmöbeln eingerichtet – eine wahre Zeitreise (tgl. 9.30–18.30, Okt.–März So nur 14–16.30 Uhr).

Old Town Jail: St. John St., April–Sept. 9.30–18, Okt.–März 9.30–16 Uhr. Neu eröffnetes Museum in einem Reformgefängnis des 19. Jh.

Bannockburn: Heritage Centre, April–Okt. 10–16.30, März, Nov.–23. Dez. 11–15.30 Uhr. Der Ort des Sieges (s. auch S. 11), Schlachtfeld und neu konzipiertes Besucherzentrum. Im Café können Sie eine *cock-a-leekie-soup* probieren, 3 km südlich von Stirling. Ein Halbtagesausflug mit Wanderung führt in das hübsche **Dollar** (E 8) am Fuß der Ochil Hills. Am Flüsschen Dollar wandert man auf Holzstegen durch eine dramatische Wildnis zum *tower house* **Castle Campbell** (E 8) (Okt.–März Do nachmittags/Fr geschl.).

Tourist Information: 41 Dumbarton Rd., Tel. 47 50 19; Castle Esplanade, Tel. 47 99 01. ›Ghost Walks‹: Ende Juni–Anfang Sept. durch die Stadt, Start Old Town Jail, Di–Sa 19.30 Uhr. Grusel garantiert!

Stirling Youth Hostel: St. John St., Tel. 47 34 42, günstig. 3 Sterne. Nagelneu. Unterhalb der Burg hinter der Fassade der alten Kirche Erskine Marykirk. **Mr. & Mrs. Dunbar:** Ravenscroft, 21 Clarendon Pl., Tel. 47 38 15,

Fax 45 09 90, günstig. Reizendes viktorianisches Haus. **Forth Guest House:** 23 Forth Pl., Riverside, Tel. 47 10 20, Fax 44 72 20, günstig. Freundliches Guest House, Zimmer *ensuite*.

X 1 Victoria Square: 1 Victoria Square, Tel./Fax 47 55 45, moderat. Große *ensuite*-Zimmer in einer viktorianischen Villa, üppiges Frühstück mit Silberservice; bestellen Sie den Mackintosh Room oder Highland Hall – *go tartan*. **Terraces Hotel:** 4 Melville Terr., Tel. 47 22 68, Fax 45 03 14, teuer. Freundliches georgianisches Familienhotel in Zentrumnähe; *good value for your money* auch im Restaurant.

Olivia's Restaurant: Baker St., Tel. 44 62 77, moderat. Modern-informell: neuschottische Küche im historischen Zentrum. **The Topps:** Fintry Road, Denny (19 km südlich), Tel. 01324/ 82 24 71, Fax 82 30 99, günstig bis moderat. Modernes Haus mit acht ensuite-Zimmern, *non-residents* müssen für das Restaurant vorbestellen.

Settle Inn: 91 St. Mary's Wynd. Ein atmosphärereicher Pub aus dem 18. Jh. im Zentrum off Broad St.

Feste: Im Sommer spielen die ›Royal Stirling Players‹ in historischen Kostümen Ereignisse der Stadtgeschichte nach, *pipe bands* blasen auf der Burg-Esplanade – jede Menge los.

 Verbindungen zu allen größeren Städten. **Bahn:** Bahnhof Burghmuir Rd., Tel. 08457/48 49 50.

Bus: Busse der ›Midland Bluebird‹, Tel. 013 24/61 37 77; Busbahnhof Goosecroft Rd., Tel. 44 64 74.
Autovermietung: Arnold Clark, Kerse Rd., Tel. 47 86 86.

Tarbert

Lage: B 9
Vorwahl: 01880
Einwohner: ca. 1400

Der ungeleckte, aktive Fischerort bewacht die 2 km schmale Landenge, die verhinderte, dass **Kintyre** eine Insel wurde. Von hier fährt man in einem Tag um die niedrige, unspektakuläre Halbinsel mit kilometerlangen, einsamen Sand- und Dünenstränden, alten Burgen und Abteien. Das spektakuläre Klippenkap wurde durch Paul McCartneys Lied ›Mull of Kintyre‹ berühmt.

Tourist Information: Harbour St., Tel. 82 04 29.

Southcliffe: Lady Ileene Rd., Tel. 82 06 04, günstig. Ruhiges, einfaches Guest House.
The Columba Hotel: East Pier Rd., Tel./Fax 82 08 08, moderat. Ein viktorianisches Hotel an der Hafeneinfahrt, in Familienregie; gemütliche Bar mit Holzfeuerkamin und großer Malt-Auswahl; und, selten im Land, eine Sauna.

The Anchorage: am Hafen, Tel. 82 08 81, moderat. Frischester Fisch.

Schiff: Vom Kennacraig Pier fahren die Autofähren auf die herbe, für ihren Whisky berühmte Hebrideninsel **Islay** (Calmac-Büro Tel. 018 80/73 02 53, Fax 018 80/73 02 02), von Claonaig auf die Ferieninsel **Arran**

Menschenleer: Sandstrand in Carradale auf der Kintyre-Halbinsel

(keine Reservierung, die Fähren legen fast stündlich ab).

Thurso

Lage: E 2
Vorwahl: 01847
Einwohner: ca. 9000

Die unprätenziöse, schon ganz nordisch anmutende Kleinstadt mit ihrem netten Fährhafen Scrabster bietet sich als Basislager für Touren durch das wildromantische Caithness an oder entlang der selbst für schottische Verhältnisse einsamen Nordküste bis zum windumtosten **Cape Wrath** (C 1).

Dunnet Head (E 1): Wundervolle einsame Halbinsel mit Moorseen, Heide und weiten Stränden; der nördlichste Punkt des Festlandes mit einem hübschen weißen Leuchtturm.
Grey Cairns of Camster (F 2): Inmitten einer typischen, öden Moorfläche stehen zwei gewaltige steinzeitliche Grabhügel.
Hill o'Many Stones (F 2): War der Hügel mit den 22 fächerartigen, niedrigen Steinreihen ein steinzeitliches Astrolabium?
John o'Groats (F 1): Der recht touristische Passagier-Fährhafen nach Orkney ist Land's End: das letzte Haus, das Letzte-Haus-Museum etc. Zu Fuß geht's ca. 2 km südlich zu den zuckerhutähnlichen **Stacks of Duncansby,** Felszacken im Meer – toll!

Tourist Information: Riverside, hinter Thurso Bridge, Tel. 89 23 71.

Sandra´s Hostel: 24/26 Princes St., Tel. 89 45 75, günstig.
Unabhängiges Hostel, ganzjährig geöffnet.
Inchgarvie House: 30 Olrig St., Tel. 89 38 37, günstig.
Freundliches, familiäres B & B in viktorianischem Reihenhaus, vier

Typisch: Regen am Loch Assynt

Zimmer *ensuite*; das Erkerzimmer nach vorne raus ist gigantisch!
Ormlie House Hotel: Ormlie Rd., Tel./Fax 89 27 33, moderat. Empfehlenswertes Familienhotel in viktorianischem Haus, mit *ensuite*-Zimmern und Restaurant.

The Upper Deck: Scrabster, am Hafen, Tel. 89 28 14, moderat.
In einem schlichten, auf Orkney und Shetland einstimmenden Ambiente isst man gutes *seafood*.

Schiff: Von John o'Groats aus starten die Personenfähren zu den **Orkneys.** Kombinierte Tagesbustour zu den einzigartigen megalithischen Denkmälern dort (Mai–Okt.); Mitte Juni–Aug. Bötchen zu den **Stacks of Duncansby, Stroma** und **Pentland Skerries** (Ferry Office Tel. 019 55/61 13 53). Von Scrabster aus fahren die P & O-Autofähren nach Stromness, Orkney.

Ullapool

Lage: C 3
Vorwahl: 01854
Einwohner: ca. 900

Ein hübscher kleiner Ort mit einer Hafenfront von weiß getünchten Cottages und einem romantischen Friedhof mit Blick über den Loch Broom, einen der schönsten Hochlandseen. Hier legen die Autofähren zu den Äußeren Hebriden ab.

Falls of Measach (C 4): ca. 15 km südlich des Ortes. Die Wasserfälle stürzen in die 45 m hohe, senkrechte Corrieshalloch-Schlucht.
Loch Assynt: ca. 30 km nördlich von Ullapool.
An einem der wildesten Hochland-Lochs liegen der Fischerweiler Lochinver und die Ruine des **Ardvreck Castle** in atemberaubender Landschaft.

Tourist Information:
Argyle St., Tel. 61 21 35.

 Ullapool Youth Hostel:
225 Shore St., Tel. 61 22 54,
Fax 61 32 54, günstig.
2 Sterne; direkt am Hafen, kürzlich neu eingerichtet.

Brae Guest House: Shore St.,
Tel. 61 24 21, günstig.
Eng-anheimelnd, elf Zimmer meist mit Privatbad; Meerblick neben dem schönen Friedhof. Ideal, wenn man frühmorgens mit der Fähre los muss.

Tigh na Mara Guest House:
The Shore, Ardindreen, am Südufer des Loch Broom, Tel. 65 52 82, Fax 65 52 92, moderat.
Idyllisch gelegenes Crofthaus; HP 35–40 £, vegetarische Küche. Seehunde und Delphine schwimmen am Haus vorbei – etwas für Freunde von Einsamkeit und Natur.

The Ceilidh Place: 14 West
Argyle St., Tel. 61 21 03,
Fax 61 28 86, teuer.
Berühmtes, familiäres Hotel und Restaurant; hier ist immer etwas los, z. B. Folk-Musikabende.

Mariners' Restaurant: im
Morefield Motel, North Rd.,
2 km nördlich des Ortes an der
A 835, Tel. 61 21 61, Fax 61 21 71,
teuer.
Bestes, renommiertes *seafood* ohne Schnickschnack in altmodischem Ambiente; schlichte Motelzimmer (günstig).

Ferry Boat Inn: Shore St.
In dem gemütlichen Pub ist abends der Bär los – in der Mittsommerdämmerung kann man draußen sein Bierchen auf der Hafenmauer trinken!

Schiff: Calmac-Büro
Tel. 6123 58, Fax 61 24 33.

Autofähren nach Stornoway auf Lewis, 3 1/2 Std – sonntags nie. Im Sommer Tagesausflüge nach Lewis mit kombinierter Bustour – weite, einsame Moore, prähistorische Denkmäler.

Wanlockhead

Lage: E 10
Vorwahl: 01659

In dem hübschen Dorf, Schottlands höchstgelegenem, wird seit Jahrhunderten geschürft. Durch

ein schönes, enges Tal mit grünen Hügelkuppen gelangt man zu den verstreut auf verschiedenen Hügelkuppen liegenden Cottagereihen der Bergarbeitersiedlung.

Blei-Bergbaumuseum: Ostern–Okt. 11–16.30 Uhr, sonst Tel. 743 87.
Das Museum bietet sehr persönliche Führungen in die feucht-finsteren Schächte an. Besichtigt werden ein nasskalter, enger Stollen, in dem die Bergleute unter lebensgefährlichen und gesundheitsschädigenden Bedingungen Blei schürften; achtjährige Jungen zogen die Bleikarren durch die Stollen, Arthritis und Rheuma waren an der Tagesordnung.

Und die Kehrseite der prachtvollen Stadthäuser von Edinburgh: zwei rekonstruierte Cottages, in denen die Familien um 1750 und, schon etwas besser nach den Reformen des Mineneigentümers, des Herzogs von Buccleuch, um 1860 lebten. Heute schürfen in ›Gottes Schatzhaus in Schottland‹ nur Touristen zum Spaß: Gold.

Frischfisch im Fischerhafen von Ullapool

Eilean Donan Castle – Die trutzige Clanburg diente als Filmkulisse für den Kultfilm ›Highlander‹ und ist nicht nur für Cineasten der Inbegriff der Hochlandromantik

Road to the Isles – Eine von Schottlands schönsten Panoramastraßen führt durch unberührte Hochlandberge, entlang dem wundervollen Loch Eilt und den silbernen Stränden von Morar zum Hafenort Mallaig

EXTRA-

Fünf Extras im Land der *bens and glens*

1. Whisky Trail – dem Wasser des Lebens auf der Spur. Ein Besuch der großen Destillerien Schottlands

2. On the Borders – Geschichte in Moll im Walter-Scott-Land. Der Schriftsteller und seine Roman-Kulisse

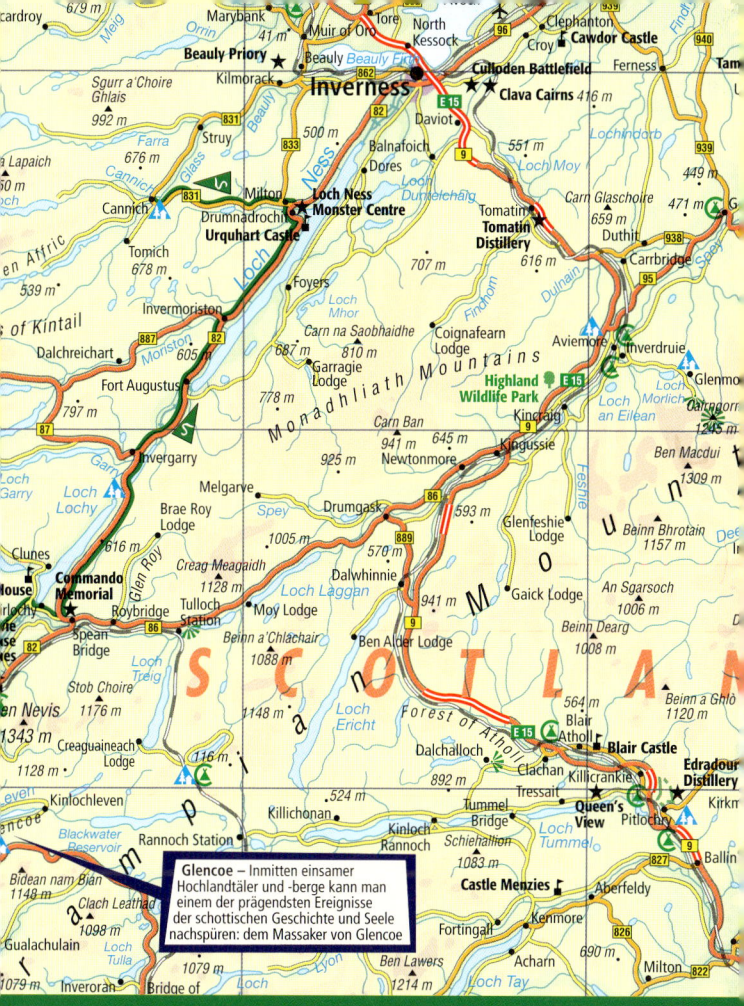

Glencoe – Inmitten einsamer Hochlandtäler und -berge kann man einem der prägendsten Ereignisse der schottischen Geschichte und Seele nachspüren: dem Massaker von Glencoe.

Touren

3. Reif für die Insel – *over the Sea to Skye*

4. Im Reich der Fische – die East Neuk in Fife. Pittoreske Fischerdörfer und wo ist die Muschel am frischesten

5. Bergeinsamkeit – unterwegs in den schönsten Regionen der Highlands

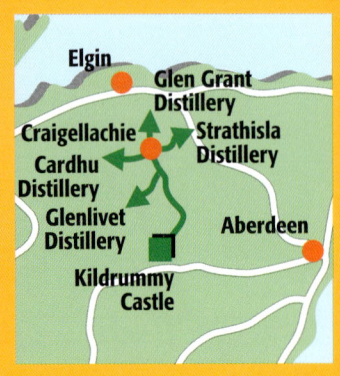

Whisky Trail –
dem Wasser des Lebens
auf der Spur

Uisce beatha, ›Lebenswasser‹, nannten die irischen Mönche die hochprozentige bräunliche Brühe, mit deren Rezeptur sie das keltische Bruderland Schottland beglückten. Noch heute wird der Single Malt – so darf sich im Gegensatz zum verschnittenen *blended* Whisky nur das Markenerzeugnis einer einzigen Brennerei nennen – im Prinzip wie im Mittelalter aus gemälzter Gerste hergestellt. Die Gerste wird eingeweicht und auf den *floor maltings* zum Keimen gebracht, dann auf Darren *(kilns)* mit Torffeuerrauch unter jenen typischen Pagodendächern getrocknet, die das Signet des Whisky Trails bilden. Dieses Malz mahlt man und weicht es in riesigen *mash tuns* ein, so dass sich die Getreidestärke in Zucker verwandelt. Die süße Würze *(wort)* wird unter Zusetzung von Hefe zum Gären gebracht, und erst diese bierähnliche Flüssigkeit wird dann in den charakteristischen dickbauchigen Kupferbirnen, den *pot stills*, gebrannt,

meist zweimal. Anschließend ist eine mindestens dreijährige Lagerung in Eichenfässern Pflicht.

Das ›Goldene Dreieck‹ Schottlands liegt zwischen den Städten Dufftown, Keith und Rothes in den Ausläufern der Grampian Mountains. In diesem Destillerie-Knotenpunkt wurde der **Malt Whisky Trail** ins Leben gerufen. Die acht ausgesuchten Destillerien Benromach, Cardhu, Dallas Dhu, Glenfarclas, Glenfiddich, Glen Grant, Glenlivet und Strathisla sind mit Informationszentren, Videofilmen in aller Länder Sprachen, Führungen, Probetrunk und Souvenirläden bestens auf den Besucherandrang vorbereitet.

Benromach (E 4), 1898 gegründet und 100 Jahre später von Prinz Charles wiedereröffnet, ist die kleinste der Moray-Destillerien (Okt.–März Mo–Fr 10–16, April–Sept. Mo–Sa 9.30–17, Juni–Aug. auch So 12–16 Uhr). Das kleine, 1898 gegründete **Dallas Dhu** etwas südlich von Forres (E 4) produziert als einzige der Acht nicht mehr (April–Sept. tgl. 9.30–18.30, Okt.–März Mo–Mi/Sa 9.30–16.30, Do 9.30–12.30, So 14–16.30 Uhr). Und in der ›**Speyside Cooperage**‹ in Craigellachie (E 4) kann man den Böttchern bei der Arbeit zusehen, und man erfährt alles über die für die Produktqualität der edlen Tropfen besonders wichtige Fässerherstellung (Mo–Fr 9.30–16.30 Uhr, Juni– Sept. auch Sa).

Glenfiddich in der trist wirkenden Whisky-Hauptstadt Dufftown (F 5) ist der unangefochtene Markenführer, obwohl Kenner den Geschmack als etwas zu scharf rügen. Über den Häuserreihen liegt wie in allen Orten mit Brennereien ein gräulich-schimmliger Belag, der ›Anteil der Engel‹, der beim Verdunsten während der Fasslagerung entsteht. In der meistbesuchten Destillerie Schottlands wird der Besucher auch am eindringlichsten mit der Firmenideologie geimpft (nördl. Stadtrand, an der A 941; Mo–Fr 9.30–16.30, Ostern–Okt. auch Sa 9.30–16.30, So 12–16.30 Uhr).

Abgeschieden in einem weiten Tal wird ›The‹ **Glenlivet** mit reinem Bergquellwasser aus der unterirdischen Josie's Well produziert (E 5). Im Besucherzentrum wird einem stolz erzählt, dass das einstige Familienunternehmen Smith schon seit 1747 Whisky brennt und Highlandfan King George IV. bei seinem Schottland-Besuch 1822 nur Glenlivet trinken wollte (an der B 9008, Ostern–Okt. Mo–Sa 10–16, So 12.30–16 Uhr, Juli/Aug. bis 18 Uhr). **Strathisla** in Keith (F 4) wird von vielen für die schönste Destillerie gehalten. Nicht ohne Grund, denn das Ensemble aus Zwillingspagodentürmen, Wasserrad und Bruchsteingebäuden hat jede Menge Old-World-Charme. In der Tat ist die 1786 gegründete Brennerei eine der ältesten im Lande (Feb./März Mo–Fr, April–Nov. Mo–Sa 9.30–16, So 12.30–16 Uhr).

Wo testet und kauft man das Lebenswasser in Schottland am besten, wenn man nicht gerade im ›Goldenen Dreieck‹ weilt? Die ›Scotch Malt Whisky Society‹ in Edinburgh wacht über Reinheit und Qualität. In clubähnlichem Ambiente sind auch Gäste zum prüfenden *nosing* willkommen (87 Giles St., Leith). Im **Cadenheads Whisky Shop** auf der Royal Mile in Edinburgh bleibt kein Whiskywunsch unerfüllt (172 Canongate).

Wer es sich für ein oder zwei Tage leisten kann, der sollte sich im **Kildrummy Castle Hotel** (F 5, s. S. 34) verwöhnen lassen. Kaum irgendwo schlürft man gediegener seinen *wee dram*, seinen ›kleinen Whisky‹, als unter den Highlander-Gemälden in der Bar, in der holzgetäfelten Bibliothek oder im pastellfarbenen *drawing room*.
Länge: ca. 90 km

Pot stills **bei Glenfiddich**

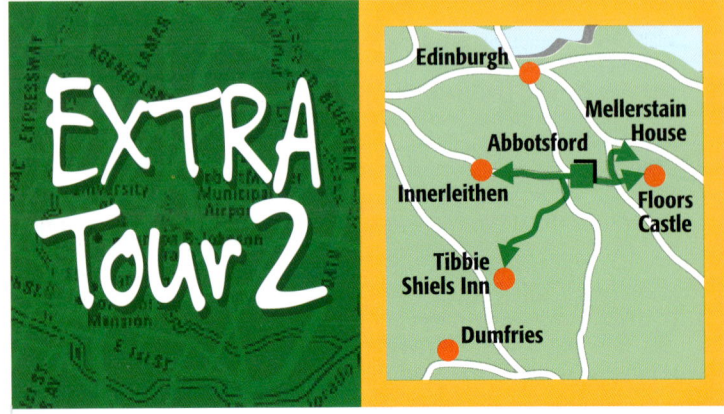

EXTRA Tour 2

On the Borders –
Geschichte in Moll im
Walter-Scott-Land

Jeder kennt die historischen Romane von Schottlands großem Schriftsteller (1771–1832), ob ›Ivanhoe‹, ›Rob Roy‹ oder die Waverley-Romane um den Jakobitenaufstand. Schon im 19. Jh., als Theodor Fontane das Land bereiste, lockten diese Erzählungen wahre Besucherströme zu den Originalschauplätzen: Sir Walter hatte Unschätzbares für die schottische Fremdenverkehrsindustrie geleistet. Dies wurde auch dadurch unterstützt, dass er in King George IV. jene romantische Highland-Begeisterung der britischen Könige aus dem Hause Hannover weckte, die im 19. Jh. Schottland zum ›In-Reiseziel‹ jedes guten Briten machte.

Die Borders, die sanft hügelige Grenzlandschaft im Süden von Edinburgh, sind das Herz des Walter-Scott-Landes. Hier wuchs er auf, nahm gleichsam mit der Muttermilch die Legenden, Spukgeschichten und Heldenballaden dieser geschichtsträchtigen Landschaft in sich auf, die er später seinem europäischen Millionen-

publikum nahe bringen sollte. Hier schrieb er ›Ivanhoe‹ und ›Rob Roy‹.

Das neogotische **Abbotsford House** (F 9), westlich von Melrose, ließ er 1822 errichten (Mitte März–Okt. Mo–Sa 10–17, Juni–Sept. auch So, März–Mai, Okt. So nur 14–17 Uhr). Hier starb er auch. In diesem mit mehr oder weniger verbrieften Memorabilien und historischen Kostbarkeiten vollgestopften ›Abtshaus‹ – beispielsweise sind Rob Roys Börse, Flora MacDonalds Heiratsvertrag, Hose und Stock Scotts zu bewundern – besuchten ihn die Reisenden, besichtigten den Meister und sein museales Märchenschloss. Und wer die Zisterzienserabtei von Melrose (F 9/10), **Melrose Abbey,** mit ihrem filigranen Steinschmuck besichtigt, sieht sich mit Scotts in einem Gedicht verpackten touristischen Ratschlag konfrontiert: »... bei Mondenschein/Besuche Melros' und – tu es allein.« Heute erspäht der nächtliche Besucher die gotischen Ruinen nur durch Gitterstäbe, was den Seufzern und romantischen Schauern ein wenig Abbruch tut. Eingefleischte Scott-Fans übernachten in dem

Hier hielt der Genius Hof: Walter Scotts Abbotsford House

Farmhaus, wo Sir Walter seine Tochter besuchte (s. S. 64).

Bei Bemersyde liegt **Scott's View** (F 9), wo man des Meisters Lieblingsblick über kokosduftende Ginsterbüsche, einen weiten Tweed-Mäander und die sanfte Weidenlandschaft bis hin zu den Eildon Hills genießen kann. Ein schöner Spaziergang den Hügel im Rücken des Aussichtspunkts hinauf führt auf einsame, windige Schafweiden und zu einem anderen Aussichtpunkt, von wo einem das Herz der Borders zu Füßen liegt. Nach Scotts Tod hielt unten an der Straße sein vor den Leichenwagen gespanntes Pferd wie gewohnt an, bevor es seinen Herrn zur letzten Ruhestätte weiterzog: in die Ruinen der im 12. Jh. errichteten Prämonstratenserabtei von **Dryburgh** (F 10, tgl. 9.30–18.30 Uhr). Der stille, friedvolle Ort, eine von hohen Bäumen beschattete Parklandschaft in einer Tweed-Schleife, ist so romanhaft-romantisch als wär's aus einem Scott-Buch.

Die Borders sind das Land der vier großen Königsabteien – Melrose, Jedburgh (s. S. 61f.), Kelso (s. S. 62), Dryburgh – und der Schlösser. Überall war der berühmte Scott ein gern gesehener Gast. Ob unter den pastellfarbenen Stuckdecken des georgianischen eleganten **Mellerstain House** (F 9), einem Meisterwerk von Robert Adam (April–Sept. So–Fr 12.30–17 Uhr) oder im alten **Traquair House** (F 10), einem wohnlichen *tower house*, in dem heute jede Menge Stuart-Andenken gezeigt werden (April, Mai, Sept./Okt. 12.30–17.30, Juni–Aug. 10.30–17.30 Uhr). Im ›süßen Bowhill‹ (F 10), das den Scotts von Buccleuch gehörte, schrieb Sir Walter sein ›Lay of the Last Minstrel‹. Die kostbare Gemäldesammlung kann der zahlende Besucher heute allerdings nur im Juli besichtigen (13–16.30 Uhr). Gastfreundlicher ist da **Tibbie Shiels Inn** am St. Mary's Loch (E 10), wo Scott, Burns und andere Dichter einst tranken und disputierten. In einfachen Zimmern mit Privatbad und bei deftig-schmackhaftem Essen übernachtet man für 24 £ von Januar bis Dezember in literaturhistorisch bedeutsamem Ambiente (Tel. 017 50/422 31).

Länge: ca. 125 km

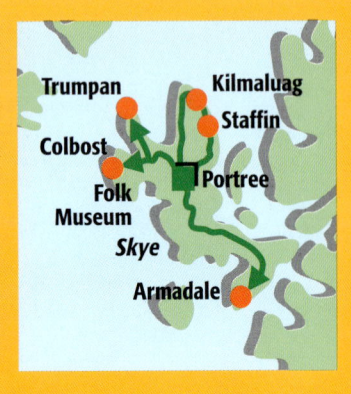

Reif für die Insel – *over the Sea to Skye*

Seit 1996 das Jahrhundertbauwerk der Brücke von Kyle of Lochalsh nach Kyleakin eröffnet wurde, ist Skye, die größte und wohl schönste der Hebrideninseln, mit einem Katzensprung zu erreichen (A/B 4/5, Adressen und Tipps s. S. 72ff.). Bei den Einheimischen ist das Bauwerk des hohen Brückenzolls wegen umstritten. Zu den vehementesten Kritikern zählte die bekannte Folk-Rockgruppe Runrig.

Das Hafenstädtchen **Portree** ist die Hauptstadt der *misty isle*, die für ihre Regenschauer und Nebelbänke und das unwirkliche, milchig-strahlende Licht berühmt ist. Im Aros Experience kann man sich einen Einblick in die Inselgeschichte verschaffen und gälische Kulturveranstaltungen besuchen (Viewfield Rd., tgl. 9–18 Uhr).

Eine Rundfahrt um die **Trotternish-Halbinsel** führt zu grandiosen Naturlandschaften. Vorbei am Fährhafen Uig kommt man nach Kilmuir mit seinem sehenswerten Folkmuseum (April–Okt. Mo–Sa 9–17.30 Uhr) und zu Flora MacDonalds Grab. Die auf Skye geborene ›Heroine der Highlands‹

verhalf dem in Frauengewändern verkleideten Bonnie Prince Charlie 1746 zur abenteuerlichen Flucht vor den Häschern König Georges II. und ins französische Exil. Im gastfreundlichen Flodigarry Country House Hotel kann man in den schick renovierten, nach ihren vielen Kindern benannten Flora Mac-Donald Cottages nächtigen, dem ehemaligen Sitz der MacDonalds.

Von hier ist es nicht weit zum wunderbaren, wanderbaren **Quiraing-Massiv.** Vom Parkplatz einige hundert Meter hinter dem Friedhof an dem Sträßchen von Staffin nach Uig beginnt der ausgetretene Pfad zu den hoch aufragenden Basaltzacken mit den schönen Namen ›Nadel‹ oder ›Gefängnis‹. Etwa zwei Stunden sollte man sich Zeit nehmen für den Weg mit weiten Ausblicken über steile grüne Hänge und schimmernde Bergseen bis hin zum Meer. Etwas südlich von Staffin stürzen die **Mealt Falls** über eine senkrechte Klippe 40 m tief ins Meer. Im Hintergrund ragt der von Basaltsäulen ›umkleidete‹ **Kilt Rock** auf, der angeblich Schottlands berühmtem Männerrock ähneln soll. Noch weiter südlich scheint die ungeheure Felsnadel des **Old Man of Storr** gefährlich über dem dunklen Bergmassiv zu balancieren.

Vom Park des **Dunvegan Castle** aus, der mit vielen Clandevotionalien angefüllten Stammburg der MacLeods (März–Okt. 10–17.30, Winter 11–16 Uhr), schippern winzige Nussschalen zu den nahen Seehundfelsen – Auge in Auge findet man sich mit den scheuen Meeressäugern wieder. Im hübschen Weiler **Borreraig** auf der einsamen Duirinish-Halbinsel vermittelt das liebevoll eingerichtete Dudelsackmuseum einen Einblick in Geschichte, Musik und Herstellung von Schottlands melancholisch-schrillem Nationalinstrument (9–19 Uhr). Unheimliche und märchenhafte Feengeschichten sind auf der ›Nebelinsel‹ allgegenwärtig: So soll der Piper, der traditionell aus dem Clan MacCrimmon stammende Dudelsackspieler der MacLeods, über die Fairy Bridge ins Feenreich entschwunden sein – ein ›mär-chenhaftes‹ Restaurant finden Sie in **Stein** (s. S. 74).

Im Zentrum der Insel ragen die schroffen **Cuillins** in den oft regenverhangenen Himmel, eine von Sligachan Bridge oder Elgol aus gut zu sehende, aber nur für erfahrene Wanderer zu empfehlende Bergwelt. Der Süden mit seinen üppigen, im Mai und Juni lila blühenden Rhododendronwäldern gilt als der ›Garten von Skye‹. Im **Museum of the Isles im Armadale Castle** werden die MacDonalds, Erbfeinde der MacLeods von alters her, als die wahren Champions der gälischen Kultur gepriesen (Ostern–Okt. 9.30–17.30 Uhr). In der mittelalterlich angehauchten Cafeteria kann man einen schmackhaften Snack nehmen und anschließend im ›Ragamuffin Shop‹ am nahen Pier von Armadale nach ausgefallenen Strickwaren stöbern, bevor die Fähre einen wieder nach Mallaig und zum Festland übersetzt.

Länge: ca. 200 km

Wo fliegen sie denn? – Vogelbeobachter auf Skye

Im Reich der Fische –
die East Neuk in Fife

Crail ist der ungekrönte Höhepunkt der pittoresken Fischerhäfen Elie, St. Monans, Pittenweem und Anstruther, die sich wie Perlen auf einer Kette entlang der sanften Küste der East Neuk, der ›östlichen Ecke‹ von Fife, reihen (F 8, Tipps und Adressen s. S. 35). Hier liegt eines der Gourmet-Zentren Schottlands, wo man köstliches, fangfrisches *seafood* speisen kann.

Crail besteht wie alle Örtchen hier aus zwei Teilen: der Oberstadt und dem Hafen. In der Oberstadt stehen am Marktplatz alte Steinhäuser und historische Gebäude wie das Rathaus, schottisch *tolbooth*, oder das Museum, das die Geschichte der *royal burgh*, der Königsstadt, erläutert (Ostern/Juni–Sept. Mo–Sa 10–13, 14–17, So 14–17 Uhr, sonst Sa/So 14–17 Uhr). Am aus Bruchsteinen gemauerten Hafenrund mit den engen, kopfsteingepflasterten Gässchen und den pittoresk gestapelten Hummerreusen werden Fischbrötchen verkauft. Die Crailer betreiben fast nur noch den lukrativen Hummerfang – der Schell-

fisch, der als Wetterfahne den hübschen Turm des Rathauses ziert, ist nur noch eine Erinnerung an vergangene, aktivere Zeiten.

Vom Hafen von Crail aus führt ein entspannender, etwa eineinhalbstündiger Küstenspaziergang nach Anstruther. Über Felsplatten geht es an fotogen verwitterten Sandsteinformationen und den **Cailpie Caves** mit Höhlen und durchgespülten Spalten vorbei. Draußen auf dem Meer verschwimmen im Seedunst die Konturen der Isle of May, ein Vogelschutzgebiet, zu dem von Anstruther aus Ausflugsboote schippern.

Anstruther ist einer der wenigen Häfen an der Küste, in denen noch richtig Fischfang betrieben wird. Die farbenprächtigen Kutter liegen im Hafen vor der schönen, von bunten Häuschen gesäumten *seafront*. Hier verkauft einer der besten Fish 'n' Chipper den landesüblichen Bratfisch und die gewöhnungsbedürftigen Kartoffelschnitze mit *vinegar*, Essig: Ein freundlicher Plastik-Seemann in gelber Ölhaut lotst einen in die fast schon legendäre ›Anstruther Fish Bar‹. Im sehenswerten, stilecht in alten, weiß getünchten

Fischerhäusern untergebrachten **Scottish Fisheries Museum,** das 1968 aus einer lokalen Initiative heraus entstand, sieht man, wie und mit wie viel Plackerei und Gefahr seit 200 Jahren der Fisch gefangen wird. Zum Museum gehören auch die beiden Kutter ›Fife‹ und ›Zulu‹ im Hafen (April–Okt. Mo–Sa 10–17.30, So 11–17 Uhr, Nov.–März bis 16.30 Uhr).

In Anstruther kann man indes auch besser – und teurer – als im Take-away Fisch essen. Seit über 20 Jahren ist ›The Cellar‹ in den verwinkelten Gassen hinter dem Fischereimuseum eine Topadresse für Menschen mit anspruchsvollem Gaumen. Beim Schein von Kerzen und prasselnden Kaminfeuern – ohne Zigarettenqualm – und in edel-rustikalem Ambiente wird der frisch von den Kuttern angelandete Fisch schonend gegart und mit köstlichen Saucen verfeinert: Krebse, Hummer, Jakobsmuscheln, Heilbutt, Engelbarsch u. v. m. Eine ausgezeichne-

te Weinkarte macht den Genuss vollkommen.

In südlicher Richtung an der Küste entlang kann man weitere attraktive Hafenörtchen besuchen: **Pittenweem,** ein noch aktiver Fischereihafen, **St. Monans,** wo es eine sehenswerte Fischerkirche in der Oberstadt zu besichtigen gibt, und **Elie** mit schönem Sandstrand, guten Surfrevieren und dem urigen ›Ship Inn‹.

Im Hinterland lockt **Kellie Castle,** ein im 19. Jh. von der Lorimer-Familie im neogotischen Stil restauriertes, von außen sehr trutzig wirkendes *tower house* aus dem 14.–16. Jh. Der Garten mit den alten Rosensorten, die kostbaren Stuckdecken aus dem 17. Jh. und das anrührende viktorianische Kinderzimmer sind die besonderen Attraktionen (Burg April–Sept. tgl. 13.30–17.30 Uhr, Okt. nur Sa und So; Garten und Park April–Okt. tgl. 9.30–19, Nov.–März 9.30–16 Uhr). **Länge:** 26, Wanderweg 6,5 km

Eine der schönsten Treppen Schottlands führt zum Crailer Hafen

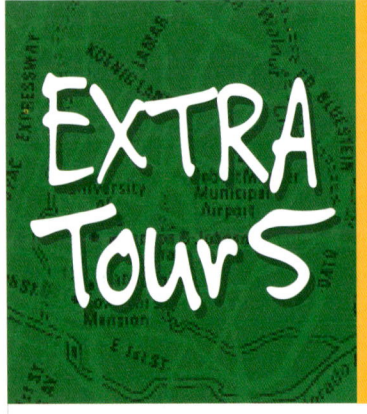

Bergeinsamkeit – unterwegs in den schönsten Regionen der Highlands

Wer die A 82 vom Loch Lomond hoch in die Highlands fährt, kommt durch menschenleere, weite Täler, vorbei an abweisenden Munros – Berge über 3 000 Fuß – und durch die mit zahllosen Tümpeln und Seen übersäte Moor-Ödnis von Rannoch Moor. Dann treten die Berge noch enger an die Straße heran, und wir kommen durchs **Glencoe,** Schottlands Schicksalstal (C 7). Hier massakrierte Robert Campbell von Glenlyon im Winter 1692 40 Mitglieder des Clans der MacDonalds von Glencoe auf königlichen Befehl. Im Besucherzentrum von Glencoe sollte man sich die sehr sachliche Dokumentation zu diesem einschneidenden Ereignis ansehen, das symbolhaft für die englische Unterdrückungspolitik in den Highlands im 17./18. Jh. ist (März/April, Sept./Okt. 10–17 Uhr, Mai–Aug. 9.30–17.30 Uhr).

Doch die wilde Bergeinsamkeit des Glencoe ist nicht nur ein Ort düsterer Erinnerungen, sondern auch ein Paradies für erfahrene Wanderer – nicht für Sonntagsspaziergänger. In den weiten Tälern sieht man Rotwild, Wildkatzen, Schneehühner und, wenn man Glück hat, Goldadler. Das Besucherzentrum offeriert in den Sommermonaten einen Ranger-Service für geführte Wanderungen sowie Routeninformationen.

In **Fort William** (C 6) holt einen die Zivilisation in Gestalt von Souvenirläden mit Plüsch-Haggis und karierten Tassen ein. Die Touristenstadt liegt wunderschön am Ufer des lang gestreckten Loch Linnhe. Im Osten ragt der mit 1343 m höchste Berg Großbritanniens auf, der Ben Nevis, ein Eldorado für trainierte Wanderer. *Busy,* in der Saison überlaufen, hat die Stadt keine rechten Sehenswürdigkeiten, ist aber ein bequemes Standquartier für die Erkundung der Highlands und die weltberühmte ›Road to the Isles‹ (s. S. 48).

Etwas nördlich von Fort William, oberhalb des Wandererortes Spean Bridge, liegt an der A 82 das **Commando Memorial** (C 6), ein Gefallenendenkmal mit schönem Blick auf den Nevis. Nicht weniger betriebsam ist es im kleinen **Fort Augustus** (C 5, s. S. 48) mit

92

seiner immer von Schaulustigen umlagerten Schleuse des Caledonian Canal.

Mönche der Benediktinerabtei am Südzipfel des **Loch Ness** (C/D 5), Schottlands wohl bekanntestem See, wollen Nessie dort mehrfach gesichtet haben. Die romantische Ruine des **Urquhart Castle** (D 5) ist der Ort mit der größten Häufung von Ungeheuer-Sichtungen im Lauf der Jahrhunderte (April–Sept. 9.30–18.30 Uhr, Okt.–März 9.30–16.30 Uhr). Die seriöse ›Official Loch Ness Monster Exhibition‹ in Drumnadrochit berichtet über die mehr oder weniger wissenschaftlichen Unternehmungen, das unbekannte Tauchobjekt dingfest zu machen, und lässt es möglich erscheinen, dass Nessie oder besser eine Herde von Nessies überlebende Dinosaurier aus der Fisch fressenden Spezies der Plesiosaurier sind (Okt.–Ostern 10–16 Uhr, Ostern–Sept. 9.30–17.30 Uhr, Sommer noch

länger). Mit Bötchen geht es von Fort Augustus oder Drumnadrochit auf Monstersafari, und für die Kleinen gibt's Monstereis.

Wem das zu viel und zu voll wird, der sollte die Wanderstiefel schnüren. Ca. 20 km westlich von Drumnadrochit auf der A 831 kommt man nach Cannich, von dort führt ein winziges Sträßchen noch einmal etwa 15 km südwestlich am River Affric entlang ins verwunschene **Glen Affric** (C 5). Wo die Straße endet, sind zahlreiche, auch kurze und rundum führende Wanderungen angezeigt. Hier findet man sich schon nach kurzer Zeit in absoluter Hochlandeinsamkeit unter den selten gewordenen *Scots pine*, der schottischen Kiefer, und Birken wieder. Rundum türmen sich die Bergketten. Und wie still es sein kann, wenn in der Ferne nur der Wind und kein Autolärm rauscht, mag der Städter kaum glauben.
Länge: ca. 180 km

Die Suche hat ein Ende – *the monster of Loch Ness*

Impressum/Fotonachweis

Fotonachweis

Titelbild: Grampian Mountains, Braemar, Dudelsack-Training bei den
Highland Gatherings, Glen Clunie
Vignette S. 1: Schäfer an der Westküste
S. 2/3: Eilean Donan Castle
S. 4/5: Highland Games in Stirling
S. 26/27: Stein auf Skye

Jörg Modrow/Visum, Hamburg: Titelbild
Walter Schmitz/Bilderberg, Hamburg: S. 1, 2, 7, 50/51, 70/71, 78/79
Dorothea Schmid/Bilderberg, Hamburg: S. 4/5, 19, 31, 57, 89
Heiko Specht/laif, Köln: S. 8, 33, 34, 44, 45, 49, 63, 69, 73, 75, 93
Susanne Tschirner, Niederkassel-Rheidt: S. 10, 26/27, 37, 41, 46, 53,
    72, 77, 81, 85, 87, 91
Wolfgang Kunz/Bilderberg, Hamburg: S. 18, 60

Kartographie:
Berndtson & Berndtson Productions GmbH, Fürstenfeldbruck,
© DuMont Reiseverlag

Alle in diesem Buch enthaltenen Angaben wurden von der Autorin
nach bestem Wissen erstellt und von ihm und dem Verlag mit größt-
möglicher Sorgfalt überprüft. Gleichwohl sind inhaltliche Fehler nicht
vollständig auszuschließen. Ihre Korrekturhinweise und Anregungen
greifen wir gern auf.
Unsere Adresse: DuMont Reiseverlag, Postfach 101045, 50450 Köln,
E-Mail: info@dumontreise.de; Internet: www.dumontreise.de

Die Deutsche Bibliothek – CIP-Einheitsaufnahme
Tschirner, Susanne:
Schottland / Susanne Tschirner.
- Köln : DuMont, 2002
(DuMont Extra)
ISBN 3-7701-5790-7

Grafisches Konzept: Groschwitz, Hamburg
© 2002 DuMont Reiseverlag, Köln
Alle Rechte vorbehalten
Druck: Rasch, Bramsche
Buchbinderische Verarbeitung: Bramscher Buchbinder Betriebe

ISBN 3-7701-5790-7

Register